JOHANNA MICHAELSEN

W0312679

Der große Betrug

Verlag Schulte + Gerth Asslar

Die amerikanische Originalausgabe erschien im Verlag Harvest House Publishers unter dem Titel „The beautiful side of evil".
© 1982 by Johanna Michaelsen
© der deutschen Ausgabe 1984 beim Verlag Schulte + Gerth, Asslar
Aus dem Amerikanischen übersetzt von Siegfried Piehozki

Best.-Nr. 15 362
ISBN 3-87739-362-4
1. Auflage 1984
Umschlaggestaltung: Gisela Scheer
Foto: Schick
Satz: Typostudio Rücker & Schmidt, Langgöns-Niederkleen
Druck und Verarbeitung: Mohndruck, Gütersloh
Printed in Germany

Vorwort

Können wir dieses Buch in die Hände einer christlichen Leserschaft geben, ohne über mögliche Auswirkungen besorgt zu sein? Diese Frage haben wir uns gründlich überlegt. Ich möchte Ihnen nicht verhehlen, daß ich beim Lesen des englischen Buches bedenken hatte. Bedenken, ob unsere Leser eine derartige Verstrickung in spiritistische Praktiken begreifen können. Doch die Autorin sagt selbst am Ende des Buches: „Diejenigen meiner Leser, die sich mit dem Okkulten abgeben oder abgegeben haben und einen Weg aus der Dunkelheit suchen, aber auch solche, deren Freunde oder geliebte Menschen noch gebunden sind, werden die Bedeutung meiner Geschichte erfassen."
So ist dieses Buch in erster Linie für Seelsorger bestimmt, die sich mit diesem Thema auseinandersetzen müssen. Es gibt ja in unserem Land ein Heer von Menschen, die wissentlich, aber oft auch unwissentlich, in irgendeiner Weise okkult belastet sind. Das muß sich ja nicht immer gleich so manifestieren, wie es Johanna Michaelsen erlebt hat. Diesen Menschen, die oft unter ihrer Belastung fürchterlich leiden und oft nicht wissen, warum sie nicht zu einem fröhlichen Christsein durchdringen können, gilt dieses Buch in besonderer Weise. Sie sollen beim Lesen nicht ihre Neugierde befriedigen, sondern Heilung für Geist und Seele finden, wenn sie den Weg beschreiten, der durch Jesu Sieg von Golgatha in die Freiheit führt.

Der Herausgeber

Die Begegnung

Die Spannung war kaum zu ertragen, als wir durch die dunklen Straßen von Mexiko-City irrten. Wir hatten uns verfahren. Im Licht eines vorbeifahrenden Wagens starrte ich auf meine Uhr. Fast acht Uhr. Es war sinnlos. Wir waren schon zu spät dran, um bei irgendeiner der Operationen dabeizusein, die für diesen Abend angesetzt waren.

Wut überkam mich, als Tom wiederum anhielt, um sich zu orientieren. Ihm oder seiner Sekretärin Norah bedeutete es wahrscheinlich nicht viel, ob wir pünktlich bei Pachita ankommen würden. Sie hatten ihr früher schon bei der Arbeit zugeschaut. Genauer gesagt, Tom hatte einmal eine Operation, in deren Verlauf ihm – wie er behauptete – ein rostiges Jagdmesser in die Kniescheibe gestoßen wurde, um eine alte Fußballverletzung zu kurieren. Weder Narkose noch besondere Antiseptika seien angewandt worden. Sein Knie sei jetzt völlig geheilt.

Was mich selbst anbetraf, so konnte ich ein andermal wiederkommen, um das Medium an der Arbeit zu sehen. Aber Kim, meine Schwester, wollte Mexiko am nächsten Tag verlassen. Dies war meine letzte Chance gewesen, es ihr begreiflich zu machen.

„Na gut, mehr kann ich jetzt nicht tun“, dachte ich. „Es liegt in Gottes Hand.“ Ich holte tief Luft und zwang meine Muskeln, sich zu entspannen.

„Das ist es! Wir sind da!“ rief Tom plötzlich und trat auf die Bremse. Vor einem alten Laden bugsierte er den Wagen in eine Parklücke. Der beißend süße Gestank verfaulender Abfälle stach mir aus der Gosse in die Nase, als ich ausstieg. Obwohl ich mein ganzes Leben in Mexiko verbracht hatte, konnte ich mich nicht an diesen Geruch gewöhnen.

Wir gingen über die düstere Straße auf ein schmutziges, weißes Metalltor zu, das in eine lange Mauer eingelassen war. Eigentlich war es ein klarer, ruhiger Abend, und dennoch: Kaum standen wir dort, war der Himmel urplötzlich erfüllt mit einer Schar unsichtbarer Wesen, die geräuschvoll um uns herumwirbelten, als würde der Wind durch hochgewachsene Bäume fegen. Mir klopfte das Herz bis zum Hals. Ich hatte Angst. Die anderen schienen die Bewegung um sie herum gar nicht mitzubekommen. Ich schwieg.

Das Metalltor schwang auf, kaum daß Tom geklopft hatte. Wir traten in einen schmalen Hof, der mit Menschen überfüllt war; einige offensichtlich wohlhabend, andere in Lumpen gehüllt, die äußerste Armut verrieten. Diese unterschiedlichen Menschen wurden durch das Band des Leidens zusammengehalten. Sie sehnten sich nach einem Hoffnungsstrahl, nach Heilung, die ihnen von der herkömmlichen Medizin versagt worden war.

Eine laute, ärgerliche Stimme übertönte das verhaltene Getuschel der Menge. Sie gehörte zu einem vornehm aussehenden Herrn mit graumeliertem Haar und Schnurrbart. Er war mit einer langen, schwarzen Hose und einem weißen, bis zu den Ellenbogen aufgekrempelten Hemd bekleidet. Aus seinem Benehmen war ersichtlich, daß er eine gewisse Autorität darstellte. Ich schreckte vom Weg in eine Ecke am Tor zurück, als er in Richtung auf Tom die Faust ballte.

„Da sind Sie ja!“ schrie er. „Kommen Sie her! Ich will mit Ihnen reden!“ Sein Englisch war ausgezeichnet, wenn auch mit starkem Akzent versehen. „Wissen Sie, was heute hier passiert ist? Ich werd's Ihnen sagen! Einer von Ihren Leuten von Mind Control ist hier mit Filmkameras aufgetaucht und hat verlangt – verlangt! –, man möge ihm erlauben, Pachita bei einer Operation zu filmen. Er sagte, Sie hätten ihn geschickt, und weigerte sich zu gehen, als ich ihm erklärte, daß dies hier keine Zirkusnummer für Neugierige ist. Er stach Pachita mit einer Nadel, um festzustellen, ob sie in Trance war, und wollte mich dann auch noch schlagen, als ich ihm die Tür wies!" Seine Stimme zitterte vor Zorn.

„Beruhigen Sie sich, Dr. Carlos!" rief Tom. „Ich weiß nichts von dieser Sache. Ich habe ihn nicht geschickt."

„Ob Sie's getan haben oder nicht – eines sage ich Ihnen: Wenn Sie Ihre Leute nicht unter Kontrolle halten und ihnen Respekt vor der Arbeit beibringen können, die hier getan wird, wollen wir keinen von Ihnen mehr hier sehen!" Dr. Carlos drehte sich um und verschwand in der Menge. Tom schüttelte nur den Kopf und zuckte mit den Schultern. Ein paar Augenblicke später schlug er die gleiche Richtung ein wie der Doktor.

„Wer war das?" fragte ich Norah, die sich neben mich gestellt hatte.

„Das war Dr. Carlos. Er ist Chirurg. Hat eine eigene Praxis in der Gegend. Er hat in den letzten Monaten als einer von Pachitas Assistenten gearbeitet und kümmert sich sehr um sie. Komm schon! Ich bring' dich rein, damit du sie kennenlernst."

Wir bahnten uns den Weg durch die Menge, vorbei an einem mit schmutzigen Schüsseln gefüllten Ausgußbekken und einer verkommenen Toilette, die nur notdürftig durch einen dünnen Plastikvorhang verborgen war. Eben wollten wir den Eingang betreten, als ich über der Tür etwas rascheln hörte. Ich schaute genau in ein Paar kleine, glänzende Augen, die mich über die Spitze eines häßlichen Schnabels hinweg anfunkelten.

„Oh, wegen dem brauchst du keine Angst zu haben“, sagte Norah ein bißchen zu sanft. „Das ist Ursula, Pachitas Lieblingsfalke.“

„Wie nett!“ murmelte ich Ursula in – wie ich hoffte – gewinnendem Ton zu.

Wir traten ins Dunkel eines kleinen Wartezimmers. Es war leer bis auf ein altes, metallenes Pult und das Geräusch, das Falkenkrallen auf Holz von sich geben. Der Eingang zum Operationszimmer war durch einen weiteren Plastikvorhang verdeckt. Norah schob ihn für mich zur Seite.

Der Geruch in diesem Raum überwältigte mich augenblicklich: vermoderte Rosen und Spiritus. Das elektrisierende Prickeln, das ich verspürt hatte, als ich über die Schwelle von Pachitas Heim getreten war, wurde jetzt stärker – als wäre dieser Raum die Quelle des Stromes. Das Vaterunser, das ich für mich selbst seit unserer Ankunft ständig wiederholt hatte, schrillte mir geradezu durch den Kopf. Unfähig weiterzugehen, stand ich im Eingang und sah mich um.

Der kleine Raum wurde durch eine nackte Glühbirne beleuchtet, die von der Decke herabbaumelte. Acht oder zehn Leute – darunter Dr. Carlos – unterhielten sich leise im Stehen.

An der nackten Betonwand zu meiner Rechten stand ein Arzneischrank. Dahinter führte eine klapprige Tür auf den Hof hinaus. Links von mir befand sich ein kleiner, mit Alkoholflaschen und Watte beladener Holztisch. Brennpunkt des Zimmers war jedoch ein großer, stufenförmiger Altar, der die ganze linke Ecke ausfüllte. Er war bedeckt mit Gläsern und Vasen, in denen verblühte Rosen steckten. Außerdem war da noch ein Bild von Christus am Kreuz und ein großes, von weißen Kerzen umrahmtes Holzkreuz. Gleich daneben, in der Mitte des Altars, stand eine Bronzestatue von Cuauhtémoc, dem tapferen Aztekenkönig, der von den spanischen Eroberern gefoltert und getötet worden war. Zu seinen Füßen lagen eine Chirurgenschere und ein rostiges Jagdmesser.

Ich blickte auf die rechte Seite des Zimmers. Dort, auf einem Feldbett, saß eine beleibte alte Frau. Ein durchgescheuertes Laken war um ihre Beine gewickelt. Sie rauchte eine Zigarette und unterhielt sich mit Tom, der vor ihr saß. Ich beobachtete ihre kurzen, dicken Hände, mit denen sie des öfteren in müder Gestik ein Wort oder einen Satz zu betonen suchte. Häufig fuhr sie sich durch das kurze, schwarzgraue Haar, dann übers Gesicht, das sie gerade rieb, als wäre sie erschöpft.

Ich trat vor und sah näher hin, zuerst unfähig zu begreifen, was ich an diesen Händen gesehen hatte: Sie waren mit verkrustetem Blut bedeckt!

Norah und Kim gingen auf die alte Frau zu. „Wo ist Johanna?“ fragte Tom und sah sich suchend um. „Komm her!“ forderte er mich lächelnd auf. „Pachita, das ist Johanna, eine meiner besten Schülerinnen.“

Ich kam näher, ergriff ihre ausgestreckte Hand und blickte in ein finsteres rechtes Auge. Das linke war halb geschlossen, als wäre es von einem leichten Schlag getroffen worden. Ich fühlte mich plötzlich wie ausgezogen, als sie ihren starren Blick auf mich richtete. Er war scharf und durchdringend wie der des Falken auf dem Türsturz. Mit ruppiger Stimme nahm sie meine Anwesenheit zur Kenntnis. Dann wandte sie sich wieder Tom zu, während ich zurück in die Zimmermitte trat.

Wieder sah ich zum Altar hin. Der Krieger und das Kreuz neben ihm schienen jetzt wellenartig weiches Licht auszustrahlen. „Herr, mein Gott“, flüsterte ich, „ich danke dir für diesen Ort. Nach all den Jahren des Schreckens hast du mich also in diesen Tempel des Lichts gebracht.“

Mein Gebet wurde von der Stimme eines eleganten jungen Mannes unterbrochen. „Was empfinden Sie?“

fragte er. Nur mit Mühe konnte ich mich von dem strahlenden Altar lösen.

„Ich weiß nicht recht", antwortete ich leise. „Ich fühle mich in der Gegenwart meines Gottes."

Der junge Mann nickte. „Dann müssen Sie die Statue von Cuauhtémoc berühren!" rief er aus. „Gehen Sie! Legen Sie dreimal Ihre Finger auf die Figur." Seine Stimme hatte einen energischen Unterton. „Gehen Sie!"

Für einen Moment bekam ich Angst vor der immer noch leuchtenden Statue und zögerte.

„Vater unser im Himmel ..." Ich streckte meine Hand aus und berührte vorsichtig das Bildnis des altertümlichen Aztekenkriegers, der nun Pachitas geistiger Führer war. Durch ihn wurden die Wunder vollbracht, von denen ich gehört hatte. Bei der dritten Berührung verspürte ich in den Fingern einen leichten Schlag und schnappte nach Luft. Ich fühlte mich seltsam leicht und losgelöst. Sogar das Vaterunser, das mir schon fast automatisch wieder durch den Kopf gegangen war, wurde immer schwächer und leiser. Ich war in einen tiefen, samtweichen Frieden eingehüllt, der mich umgab wie ein Umhang die Schultern eines Priesters.

Der Mann nahm mich bei der Hand und führte mich zu der alten Frau auf dem Feldbett. „Pachita, du mußt mit diesem Mädchen reden!" Der müde Blick richtete sich auf meine Augen, starrte mit beängstigender Gewalt durch mich hindurch. Einige Sekunden lang wurde kein einziges Wort gesprochen. Dann griff eine blutbedeckte Hand nach mir und zog mich näher heran.

„Du bist sehr sensibel, sehr sensibel, nicht wahr?" sagte sie sanft. „Bist du ein Medium?"

Ihre Worte erschreckten mich, und ich zauderte.

„Nun", beharrte sie, „bist du ein Medium?"

„Ich ... ich bin nicht ganz sicher, Pachita", antwortete ich. „Manchmal glaube ich es schon."

„Nun, meine Kleine, du wirst die Studien, die du mit Tom bei Mind Control begonnen hast, zu Ende führen und dann wiederkommen."

Für sich selbst fügte sie hinzu: „Wir werden sehen. Wir werden sehen."

Urgroßtante Dixie

Tante Dixie war bald nach Mamas Geburt gestoben. Dixie war die Schwester von meinem Urgroßvater. Die meisten Familienmitglieder hatten vor ihr und ihren seltsamen Kräften Angst. Aber es hatte einmal eine Zeit gegeben, zu der die gekrönten Häupter Europas ihr zugejubelt hatten, einschließlich Königin Viktoria und der Prinz von Wales. Mehr als fünfzehn Jahre lang erschien ihr Bild in den Zeitungen Europas und Amerikas.

Als Dixie Jarratt in Milledgeville (Georgia) geboren war, entdeckte sie ihre außergewöhnlichen Gaben eines Abends nach einer Vorführung von Lula Hurst, einem der ersten sogenannten „Wunder-Mädchen", die vor der Jahrhundertwende in Georgia regelrecht in Mode kamen. Einem Zeitungsartikel zufolge dauerte eine Vorstellung mit dem „kleinen Magneten aus Georgia" ungefähr zwei Stunden. Da legte Dixie dann beispielsweise ihre Hände auf einen Stuhl, und ohne daß sie ihn ergriffen hatte, erhob er sich vom Fußboden. Einem ganzen Dutzend Männer war es ohne Winden und Reißen nicht möglich, den Stuhl auf die Erde zu drücken oder ihre Hände von ihm zu lösen. Sie waren auch nicht in der Lage, einen Billardstock, den sie in der Hand hatte, anzuheben oder ihn vom Fußboden aufzunehmen, wenn sie ihn dort niederlegte.

Oder sie berührte mit ihren Händen einen aufgespannten Regenschirm mit stählernem Rahmen, dessen Bespannung dann wie vom Blitz getroffen aufriß. Bei noch einem anderen Versuch hob sie einen Stuhl hoch, auf dem ein großer Mann saß, und balancierte den Stuhl auf einem Ei in ihrem Handteller. Der Artikel fuhr fort, es habe „noch viele solcher Experimente" gegeben, und in keiner Stadt, in der sie auftrat, sei „die Echtheit ihrer merkwürdigen Kräfte in Zweifel gezogen" worden.

Tante Dixie war als Spiritistin und als wirkungsvolles Trance-Medium bekannt. Während einer Sitzung erschienen häufig die Gesichter Verstorbener auf einer Wand, und dann zitterte und bebte das ganze Haus, als sei es von einem riesigen Tier gepackt worden.

Sie pflegte mit furchtbaren Kopfschmerzen und ohne Erinnerung an die Geschehnisse aus der Trance zu erwachen.

Ein Familienmitglied, das sie noch gekannt hat, berichtete, daß sie verlorene Gegenstände wiederfinden konnte und während der Trance über gewaltige Körperkräfte verfügte.

Irgendwann in den zwanziger Jahren verstarb sie, arm, allein und vergessen.

Erst im Juni 1975 – zwei Jahre, nach dem ich alles hinter mir hatte – erfuhr ich von ihrer Vorhersage: Irgend jemand aus der dritten Generation nach ihr – aus meiner Generation! – sollte ihre Begabung erben!

Der Eindringling

„Wirst du dich auch bestimmt daran erinnern, wie du damit umgehen mußt, Johanna?“ Ich schaute auf den geladenen 32er Revolver in Papas Hand. „Ich denke schon, Papa“, sagte ich und nahm die Waffe behutsam an mich. „Ich brauche nur das hier oben zurückzuziehen, um sie zu spannen, dann ziele ich und ziehe den Abzug durch.“ Ich stand kurz vor meinem zwölften Geburtstag, und Papa fand, es sei an der Zeit, daß ich die Waffen, die er für den Notfall im Haus aufbewahrte, zu bedienen lernte.

Unsere Siedlung lag am Stadtrand von Cuernavaca – damals noch eine charmante, im Stil vergangener Zeiten erbaute Stadt, die sich fünfundvierzig Meilen südlich von Mexiko-City in ein grünes Tal schmiegte. Papa hatte unser großes, ranchartiges Heim vor sechs Jahren gebaut, als die Siedlung gerade am Entstehen war. Inzwischen bauten dort viele Amerikaner und Europäer, aber um in die Stadt zu gelangen, mußte man immer noch zwanzig Minuten über schmutzige Straßen gehen, die sich während der langen Regensaison in trügerischen Morast verwandelten. Es sollte noch ein weiteres Jahr dauern, bis die Telefonleitungen bis zu uns durchgedrungen waren.

Papas größte Sorge galt allerdings den Siedlern, die sich kürzlich auf einem riesigen, etwa eine Meile nordöstlich von uns gelegenen Stück Land niedergelassen hatten. Das Land gehörte eigentlich einer Gruppe von Amerikanern, die schon damit begonnen hatten, Straßen zu bauen und Leitungen für Wasser und elektrischen Strom zu legen, als sich plötzlich der Übergriff ereignete. Die Siedler waren zum größten Teil entflohene Strafgefangene aus dem Nachbarstaat Guerrero – Mörder, Räuber und solche, die sich wegen Streitereien in ihrer Sippe aus dem Staube gemacht hatten. Sie fielen mit ihren Familien in das Land ein, nahmen es in Besitz und beriefen sich dabei auf Parolen der Revolution von 1910: „Das Land gehört dem, der es bearbeitet“, und: „Das Recht besteht zu neunzig Prozent aus Besitz.“

Über Nacht schossen ihre Hütten aus dem Boden, und Pflüge zerfurchten das Land, das einmal für elegante Häuser gedacht war. Bei der Polizei zögerte man, die Siedlung zu betreten, weil eine Reihe von Polizisten auf Streife aus dem Hinterhalt umgebracht worden waren. Nicht einmal der mexikanischen Armee war es gelungen, die Banditen in die Flucht zu schlagen.

Die Siedler ließen die Ausländer neben sich zwar in Frieden, aber samstagsabends konnten wir viele der Männer hören, wie sie in unseren Straßen grölten, ihre Kapriolen machten und – durch Alkohol enthemmt – ihre Gewehre abfeuerten. Einer dieser Vaqueros war Papa neulich über den Weg gelaufen. Der Mann hatte sein Vieh auf unser Land getrieben. Als Papa das merkte, steckte er sich eine Pistole in den Gürtel seiner weißen Bermuda-Shorts. In einem Spanisch, das sogar nach fünfzehn Jahren in Mexiko kaum zu verstehen war, forderte er den stattlichen Vaquero (der auch bewaffnet war) auf, mit seinen „dreckigen Kühen“ von dem Land zu verschwinden. Der Mann hätte Papa abknallen können, noch bevor einer von ihnen mit der Wimper gezuckt hätte. Sein Ruf war jedenfalls danach. Aber er sah wohl die Entschlossenheit in Papas Augen und empfand so etwas wie Achtung vor diesem tapferen, wenn auch offensichtlich verrückten „Gringo“. (Ohne Papas Wissen hatte der Bandit mir beigebracht, diese „dreckigen Kühe“ zu melken, und ich war traurig, daß sie nun gehen mußten.)

Nach dieser Konfrontation verlegte sich Papa darauf, sein Gewehr in regelmäßigen Abständen abzufeuern, um in Hörweite jeden darauf aufmerksam zu machen, daß er es ernst meinte und mit ihm nicht zu spaßen war.

An diesem Abend gab es allerdings einen besonderen Grund, warum Papa mich daran erinnerte, wie eine Pistole zu benutzen ist. Er und Mama wollten nämlich ausgehen. Kim und ich sollten zum ersten Mal allein im Haus bleiben. Bisher hatte immer zumindest ein Dienstmädchen bei uns gewohnt, aber das letzte war gerade einen Tag zuvor unerwartet nach Hause gerufen worden, und es hatte sich noch keine Gelegenheit ergeben, es zu ersetzen.

„Bist du sicher, daß alles in Ordnung geht?" Papa war die Unruhe im Gesicht abzulesen.

„Bestimmt, Papa", antwortete ich zuversichtlich.

„Nun", sagte er lächelnd, „wenn hier jemand einbricht und dich mit dieser Waffe winken sieht, wird er sich wahrscheinlich so erschrecken, daß er sich schreiend umdreht und gleich wieder verschwindet. Los, laß uns trotzdem nachsehen, ob alles verschlossen ist."

Ich folgte Papa in sein Zimmer und sah zu, wie er die Schiebetür, die in den Garten führte, verschloß und die Vorhänge zuzog. Er verriegelte die Fenster und ging dann in die Zimmerflucht, die Kim und ich uns teilten, um sicherzustellen, daß auch dort alle Fenster und Türen verschlossen waren. Der Vorgang wiederholte sich oben im Wohnzimmer und in den Zimmern der Dienstmädchen.

„Wir sind bald wieder zurück, Liebling", sagte Mama und gab mir einen Abschiedskuß. Sie sah hübsch aus in ihrem zarten Cocktailkleid.

„Und du", sagte sie zu Kim, „bist jetzt ein artiges Mädchen und gehst ins Bett. Hungry wird draußen bleiben und das Haus bewachen. Houdini bleibt hier bei euch, Johanna."

Hungry war eine richtige Promenadenmischung, obwohl Papa der Überzeugung war, er sei ein „abessinischer Gebirgslöwenjäger“, was immer das auch sein mochte. Ich vermute, Papa wollte den armen Hungry mit einem grimmigen, exotischen Flair ausstatten.

„Mach dir keine Gedanken wegen des Tores. Ich habe die Schlüssel dabei“, sagte Papa und küßte mich auf die Stirn. Dann zog er die Vordertür zu und schloß sie von außen ab. Ich hörte, wie er sich bemühte, den Schlüssel an seinem Schlüsselbund zu befestigen, um ihn nicht ebenso zu verlieren wie den anderen vor ein paar Monaten. Es gab nur noch diesen einen Schlüssel für das Schloß. Er durfte ihn nicht verlieren.

„Tschüs, Mama, tschüs, Papa!“ rief Kim.

„Alles klar, Kindchen“, sagte ich und wandte mich ihr zu. „Du hast gehört, was Mama gesagt hat. Es ist Zeit, ins Bett zu gehen.“ Sie zögerte. „Na los, ich hole dir auch deinen Ananassaft.“ Mit ihren neun Jahren war meine Schwester bereits eine „Ananassaft-Betthupferl-Süchtige“. Ich sah zu, wie sie ihren „Schuß“ trank, und steckte sie dann ins Bett.

Ich selbst machte es mir unter meiner Bettdecke bequem und griff mir einen Band des Lexikons, in dem ich zur Zeit las. Kim war inzwischen eingeschlafen.

„Komm, Houdini!“ Der kleine weiße Pudel sprang hoch und rollte sich an meinem Fußende zusammen.

Die Stunden gingen schnell vorüber. Dann Schritte. Mutters hochhackige Schuhe stackelten die sechs Stufen hinunter, die das Wohnzimmer von den Schlafzimmern trennten. Anschließend Papas schwere Schritte. Houdini erhob sich und fing leise an zu knurren. Die Stöckelschuhe stoppten vor Mutters Zimmer. Die Tür wurde geöffnet und wieder geschlossen. Dann stoppten Vaters Schritte vor seinem Zimmer. Auch diese Tür wurde geöffnet und wieder geschlossen.

Kim schreckte hoch und rieb sich die Augen. „Oh", murmelte sie, „Mama und Papa sind wieder zu Hause." Dann schlief sie wieder ein.

„Das ist ja merkwürdig", dachte ich. „Ich habe gar nicht gehört, daß das Tor geöffnet wurde. Halt's Maul, Houdini!" Der kleine Hund stand immer noch auf dem Bett und knurrte. Von draußen hörte ich Hungry wild bellen und heulen. „Da sind wohl mal wieder Kühe auf der Straße", dachte ich, stand auf und ging in den Flur. Ich öffnete die Tür zu Vaters Zimmer, um „Gute Nacht" zu sagen.

„Papa?" rief ich. „Papa!" Er war nicht da. „Wahrscheinlich draußen im Garten", folgerte ich und klopfte an Mutters Tür. Keine Antwort. Das Zimmer war leer. Sie hätte nicht weggehen können, ohne daß ich es bemerkt hätte.

„Irgendwas stimmt nicht", sagte ich leise und bekam es mit der Angst zu tun. Ich eilte zurück in mein Zimmer und griff nach der Pistole.

„Komm, Houdini!" Der Hund sprang vom Bett herunter und wollte mir durch die Tür folgen. An der Schwelle stoppte er plötzlich, fletschte wütend die Zähne, wich zurück und wollte nicht weitergehen. Kim wimmerte leise im Schlaf und warf sich unter ihrer Decke unruhig hin und her.

Ich trat in den Flur und ging mit der Waffe in der Hand die Treppe hinauf. Oben hielt ich inne. Ein feuchtkalter, dumpfer Schauer überfiel mich, so, als hätte ich gerade einen riesigen Kühlraum mit totem Fisch betreten. Die Gegenwart von etwas Bösem lag in der Luft. Ich fing an zu zittern. Die Vordertür stand weit offen.

„Mama? Papa?" Stille, abgesehen vom fortwährenden Heulen des Hundes draußen. Zögernd durchquerte ich das Zimmer und schloß die Tür. Leises, tiefes Gelächter hallte in meinem Kopf wider, Gelächter, das ich nie zuvor gehört hatte und das mich mit Panik erfüllte. Langsam und vorsichtig bewegte ich mich auf einen Stuhl zu und richtete die Waffe auf die Tür. Ich sah auf die Uhr: 23.20.

Fünfunddreißig Minuten später bog ein Auto in unsere Einfahrt ein. Ich hörte, wie das schwere Metalltor aufgestoßen wurde und dann zufiel, als der Motor in der Garage abgestellt wurde. Ich saß auf meinem Stuhl und wartete, die Waffe immer noch auf die Tür gerichtet.

„Wirst du wohl mit diesem Spektakel aufhören, Hungry?" schrie Vater. „Hier ist nirgendwo eine Kuh zu sehen, du blöder Hund." Ich konnte hören, wie er zwischen seinen Schlüsseln herumfummelte.

Ich lief zur Tür und riß sie auf, die Pistole noch in der Hand. „Was zum ...", rief Papa überrascht. „Wollte jemand einbrechen? Geht es dir gut?"

Mir schlug immer noch das Herz bis zum Hals, aber ich erzählte ihm langsam und bedächtig, was passiert war.

„Da muß jemand eingebrochen und verscheucht worden sein", sagte er, als ich zu Ende erzählt hatte.

„Aber Papa! Kim und ich haben beide deine Schritte gehört und wie die Tür zuknallte!" protestierte ich. „Und ich habe gehört, wie mich jemand auslachte!"

„Bestimmt ist deine Phantasie heute abend mit dir durchgegangen", antwortete er barsch. „Vergiß es einfach und geh zu Bett." Er verschloß die Tür wieder und ging die Treppe hinunter.

Papa stammte aus New York, und obwohl er sich mit geistigen Mysterien beschäftigt hatte, ging er ganz pragmatisch vor, wenn er in seinem eigenen Heim mit Dingen dieser Art konfrontiert wurde.

„Mama, ich komme damit nicht zurecht. Irgend etwas ist hereingekommen. Merkst du das nicht?" Ich sah ängstlich zu ihr auf.

Mama sagte nichts, sondern drückte mich lange Zeit fest an sich.

Das Wesen, das an diesem Abend in unser Haus eingezogen war, war nicht gerade liebenswürdig. Es schien besondere Freude daran zu haben, mich zu erschrecken. Mehrere Tage nach seiner Ankunft erwachte ich aus einem tiefen Schlaf. Ein leises Stöhnen war zu vernehmen – als habe jemand Schmerzen. Ich riß die Augen auf. Da! Am Fußende meines Bettes schwebte mitten in der Luft ein bizarrer, abgetrennter Kopf, am Nacken tropfendes und auch geronnenes Blut. Das dicke schwarze Haar und der dichte Bart waren mit Blut bedeckt, und dem schlaffen, geöffneten Mund entfloh das Stöhnen. Ich lag ganz still da, steif vor Angst, die Augen auf die Erscheinung gerichtet. Dann verwandelte sich das Stöhnen in ein Lachen, das sich mit dem Kopf zusammen langsam auflöste.

In anderen Nächten ging ich in meinem Zimmer umher und sah einen abgetrennten, dunklen und behaarten Arm auf meinem Kopfkissen liegen. Nach ein paar Sekunden verschwand er gewöhnlich, während um mich herum wieder dieses Lachen zu hören war.

In den folgenden Jahren kündigten alle Dienstmädchen. Viele lehnten es ab, die Nacht in unserem Haus zu verbringen, mit der Begründung, irgend etwas mache ihnen Angst. Mama und Papa ist aber offensichtlich nie etwas erschienen.

Es gibt auch andere, glücklichere Erinnerungen an diese Zeiten: Ausflüge zu den örtlichen Pyramiden, um Pfeilspitzen und Steine zu sammeln, Kätzchen zum Kuscheln und allerlei Hunde, mit denen wir in dem üppigen grünen Garten umhertollten, wenn wir Mama bei der Pflege ihrer Hibiskusbüsche „halfen“. Da gab es Tage, die wir im Sonnenschein mit Papa am Swimmingpool verbrachten – mit aufregenden Schachspielen, die er mich manchmal gewinnen ließ.

Und ich werde nie Mamas Stimme mit dem schwachen Akzent aus Georgia vergessen – kaum zu verstehen, wenn sie aus „Charlotte's Webb“ oder „Stuart Little“ vorlas, aber in jene unbegreifliche Verzückung ausbrechend, wenn es um die südlich gefärbten Geschichten von Onkel Remus ging. Zu ihrer großen Enttäuschung kam sie mit uns nie über die ersten paar Seiten hinaus, und ich war schon im zweiten Jahr auf dem College, als ich endlich begriff, was ein „Brer Rabbit“ war.

Ich erinnere mich auch an die Ballettkurse. Sie waren hinreißend, abgesehen von dem gebrochenen Bein, das ich mir im Alter von sieben Jahren eines Abends nach einer Probe im Garten beim Üben von Feuervogelsprüngen zuzog. Und dann war da noch diese mißglückte Vorstellung, auf die ich besser nicht weiter eingehe.

Am stärksten ist aber meine Erinnerung an die Nonnen. Die damals einfach gekleideten Schwestern vom „Heiligen Herzen Mariens“ kamen in Cuernavaca an, als ich gerade in die dritte Klasse versetzt worden war. Es sah schon gewaltig aus, wie sie sich – umgeben von einer Aura unnahbarer Heiligkeit und Würde – an den Marmorsäulen vorbei durch die in antikem Stil getäfelten Flure bewegten. Dieser Eindruck wurde durch den Knicks noch verstärkt, der für jede Begegnung mit ihnen vorgeschrieben war.

Unter der Oberfläche dieses Trugbildes lebten warmherzige, hilfsbereite Frauen, die ihr Bestes taten, uns auf die Welt im allgemeinen und die Schule im besonderen vorzubereiten. In diesem Lichte werde ich mich wohl ewig darüber ärgern, daß ich den Abschluß ein Jahr vor Beginn von Schwester Sarahs Weltliteraturkursus machen mußte.

Wendepunkt

Als ich vierzehn war, im Jahre 1963, verbrachten Bischof Pike und seine Familie im Sommer einen Monat in Cuernavaca.

Eigentlich hatte der Vorsteher unserer Kirche das Vorrecht, den Bischof bei sich aufzunehmen. Da er aber krank war, fiel die Aufgabe Papa, dem stellvertretenden Kirchenvorsteher von St. Michaelis, zu.

Unsere beiden Familien fanden augenblicklich Gefallen aneinander und verbrachten in diesem Monat viel Zeit gemeinsam. Ich erinnere mich an die lebhaften Abende in unserem Haus, als der Bischof das Thema eines umfangreichen Buches, an dem er gerade schrieb, ins Gespräch brachte, während Vater ihm wirklich kreative, vielleicht sogar alle passenden Titel vorschlug.

Der Bischof hatte drei seiner Kinder mitgebracht. Connie – ungefähr ein Jahr älter als ich – war schlank, attraktiv und sehr beliebt bei den amerikanischen Jungen, die über die Sommerferien nach Hause gekommen waren. Chris war dreizehn und schien mich nicht besonders zu mögen. Einmal packte er mich an einem Finger und drehte ihn, bis ich schrie. Der beunruhigendere von allen war allerdings Jim. Er war siebzehn und hatte ein düsteres, nachdenkliches Gebaren an sich, das leicht in Gewalttätigkeit ausarten konnte, wenn er getrunken hatte. Ich hatte große Schwierigkeiten, diese offenkundige Rebellion und die dramatischen öffentlichen Ausbrüche zu verstehen. Ich hatte Angst vor ihm, fühlte mich aber dennoch auf seltsame Weise zu ihm hingezogen. In ihm spürte ich den gleichen, unbeantwortet gebliebenen Hilfeschrei, den ich auch in mir selbst trug. Im Laufe der nächsten Jahre mußte ich des öfteren an ihn denken.

Im Februar 1966 war der junge Jim tot. Er hatte sich in einem New Yorker Hotel im Drogenrausch erschossen. Sein Tod und die folgende, weit verbreitete öffentliche Ausschlachtung psychischer Phänomene sollten zum Wendepunkt meines Lebens werden. Das Herz hüpfte mir vor Freude, als ich vernahm, daß der Bischof an Séancen teilnahm, um mit seinem verstorbenen Sohn in Kontakt treten zu können. Also machte nicht nur ich die Erfahrung absonderlicher Phänomene! Die Suche des Bischofs konnte vielleicht der Schlüssel sein, durch den ich verstehen und mit den Wesen um mich herum zurechtkommen konnte.

Ich las nun begierig jedes nur auffindbare Buch und jeden Artikel über das Okkulte. Im Traum sah ich mich in unterschiedlicher Gestalt an verschiedenen Orten und hörte dazu gewöhnlich Stimmen, die mir mitteilten, dies seien Erinnerungen an verschiedene Inkarnationen.

Meine Gedanken waren vom Tod und dem Frieden, den er mit sich bringen würde, erfüllt. Es gab Zeiten, zu denen ich mich in meinem Körper gefangen fühlte, als sei ich versehentlich in ihn hineingesteckt worden. Ich wollte ihn lossein, hätte aber nie gewagt, mich umzubringen. Je weiter ich in meinen Studien vorankam, desto mehr wurde mir die fast greifbare Gegenwart der Geister bewußt, die nicht alle böse zu sein schienen. Ich sah düstere Gestalten an meinem Bett, hörte sie mit leiser Stimme nach mir rufen und mir von den Gedanken anderer Leute erzählen, die sich oft von deren Worten unterschieden.

Das sich ergebende Mißtrauen und die Abneigung, die ich anderen Menschen gegenüber empfand, verstärkten sich immer mehr – bis hin zu massiver Verachtung. Trotzdem blieben meine Gefühle normalerweise hinter solcher Heiterkeit und Ruhe verborgen, daß mich ein alter spanischer Priester einmal eine Mystikerin nannte.

Es gab nur eine Person, der ich vertraute – eine wundervolle, kleine mexikanische Nonne namens Mutter Bernardo. Sie streckte sich nach mir aus wie nach einem verängstigten Kätzchen. Ihren Bemühungen und ihrer Kameradschaft war es zu verdanken, daß die finsteren Depressionen meiner beiden letzten Schuljahre halbwegs erträglich blieben.

In dieser Zeit war die Schule für mich kaum mehr als ein notwendiges Übel. Ohne auch nur minimales Interesse an den Lernstoffen zu haben, schlug ich mich durch die Kurse. Ich kam meiner Pflicht nach, weil man das so von mir erwartete. Dann aber – an einem Tag im letzten Schuljahr – kam im Unterricht das Thema Hexerei auf. Gab es das wirklich? Die meisten Mädchen waren skeptisch. „Reiner Aberglaube“, kommentierte eine. „Totaler Blödsinn“, meinte eine andere.

„Woher wißt ihr das so genau?“ beanstandete ich schließlich, angestachelt von dem, was ich für Oberflächlichkeit und Unkenntnis hielt. „Enger als wir glauben, umgibt uns eine andere Dimension, die mit Wesen ganz anderer Art erfüllt ist. Ist es denn so unwahrscheinlich, daß es Leute gibt, die sie gesehen haben und vielleicht um das Geheimnis wissen, wie man sich diese Kräfte nutzbar machen kann? Vielleicht sind sogar einige von uns hier gerade dabei, das zu lernen.“ Es entstand eine unangenehme Pause, bevor die vor der Klasse stehende Nonne sich räusperte und uns in die Pause entließ.

„Warte, Johanna!“ Terry, die hinter mir aus der Klasse gegangen war, hatte über den Flur nach mir gerufen. „Ich muß dich was fragen ... Diese Mächte, von denen du gesprochen hast ... Können sie mir helfen, etwas zurückzubekommen? Funktioniert das wirklich?“

„Was meinst du damit, Terry?" fragte ich.

„Na ja, du findest das vielleicht komisch ...", lachte sie nervös. „Mein Freund und ich haben uns letzte Woche getrennt. Kannst du mir helfen, ihn zurückzubekommen?"

Nun hatte es sich zugetragen, daß ich gerade am Tage zuvor von einem jungen englischen Mädchen, einer Hexe, gelesen hatte, die sich mit dem gleichen Problem auseinanderzusetzen hatte. Allein vollführte sie tief im Wald ein eigenartiges Ritual, zu dem sie zwei selbst angefertigte Lehmpuppen, einen magischen Kreis, einen kurzen Holzstab und das frische, rohe Herz eines Schafes benutzte. Geheimnisvolle Beschwörungen vervollständigten das Ritual. Was auch geschehen sein mag – innerhalb einer Woche war ihr Freund wieder da. Offen gesagt, kam mir das ein bißchen extrem vor. Bisher hatte mir die Hexerei wegen der augenfälligen satanischen Untertöne immer Angst gemacht. Ich hatte darüber gelesen, als mir entsprechendes Material in die Finger geraten war, hatte aber nie gründliche Nachforschungen angestellt. Wenn Terry jedoch ein Ritual benötigte und verzweifelt genug war, den Freund dieser Anstrengungen für wert zu halten, warum hätte ich ihr im Wege stehen sollen? Ich beschrieb ihr das Ritual in allen Einzelheiten und mußte innerlich lachen, als sie bei der Erwähnung des Schafherzens nach Luft schnappte. Sie sagte aber, sie wolle es tun.

An diesem Wochenende rief Terry mich an. Alles sei bereit. Allerdings gebe es da noch ein kleines Problem – die Sache mit dem Schafherzen. Ob das wirklich notwendig sei. Es *war* notwendig. Oh, na gut, ob ich ihr vielleicht helfen könne, eines aufzutreiben?

„Bestimmt nicht! Das mußt du selbst finden. Das ist Teil des Rituals", erwiderte ich und mußte insgeheim zugeben, daß mir diese Angelegenheit mit dem Schafherzen exakt so widerwärtig vorkam wie ihr. Ich war erstaunt, daß sie wirklich vorhatte, sich dieser Nervenprobe auszusetzen.

Tagelang versuchte Terry mich zu überreden, ihr zu helfen. Was mir ursprünglich Vergnügen bereitet hatte, irritierte mich jetzt. Eines Morgens drehte ich mich schließlich zu ihr um, unterbrach ihr Flehen und sagte: „Du hast mich jetzt lange genug damit genervt, Terry. Es wäre besser für dich, wenn du mich zufrieden lassen und auf deine Hände aufpassen würdest!“

„Was soll das heißen?“ keuchte sie und schrak zurück.

„Nichts“, sagte ich mürrisch und überlegte, warum ich überhaupt angefangen hatte, mit ihr zu reden. „Laß mich einfach zufrieden.“

Am nächsten Tag kam Terry später zur Schule. Ihre Hände waren tiefschwarz gefärbt. Wohl durch starkes Bürsten und Scheuern war die Haut aufgerauht und hatte sich entzündet. Die Erklärung war ganz einfach: Terry hatte am Abend zuvor einer Freundin die Haare gefärbt, aber die Handschuhe waren nicht dicht gewesen. In ihren Blicken war deutlich zu lesen, daß sie mir die Schuld gab und glaubte, ich hätte sie verhext. Jedenfalls hörte ich nichts mehr von dem Schafherzen.

Indes kamen einige von ihren Freundinnen im Flur auf mich zu. Eine hielt mir plötzlich mit der Ernsthaftigkeit des Doktor von Helsing bei der Erscheinung Draculas ein Kruzifix vor das Gesicht, um festzustellen, ob ich nicht etwa doch eine richtige Hexe sei und kraft des Kreuzes wimmernd zu Boden fallen würde.

Ironischerweise war es aber gerade das Kreuz, an das ich mich inmitten der tödlichen Einsamkeit und Langeweile, die mich von allen Seiten umgab, klammerte.

Als ich mir dann einen Monat später bei einer Epidemie in der Schule eine Hepatitis-Infektion zuzog, machte Terry auf einer Postkarte Scherze über den Zauber, den sie aus Rache auf mich gelegt hätte.

Das Wesleyan-College

„Du Dummkopf!" haderte ich ärgerlich mit mir selbst. „Wann wirst du endlich lernen, deinen Mund zu halten?" Ich stand am entfernten Ufer des kleinen Sees, der zu Füßen des Collegegeländes lag. Der Wald hinter mir wurde immer düsterer und nebliger, als die Sonne nach und nach verschwand – das Signal für unzählige Frösche und Grillen, jetzt mit ihrem Nachtkonzert zu beginnen. Ich war noch keine drei Wochen auf dem Wesleyan-College in Macon (Georgia), da war es mir schon wieder gelungen, mir den einzigen Titel einzufangen, von dem ich ganz bestimmt wußte, daß er nicht zutraf: Hexe.

An jenem ersten Unterrichtstag ging Frau Dr. Bryce im Klassenzimmer auf und ab und beäugte kritisch die neue Truppe zukünftiger Schauspieler und Regisseure, die da vor ihr saß.

„Eines will ich euch gleich versichern, Mädchen: Ihr werdet in diesem Kurs hart arbeiten – ganz bestimmt sehr hart, oder es werden Köpfe rollen!" Als sie mit schwachem holländischen Akzent das „r" in „rollen" betonte, ließ ihr Blick in niemandem auch nur den geringsten Zweifel zurück, daß sie durchaus imstande sein würde, ihre Drohung buchstäblich wahrzumachen. „Und nun", fuhr sie fort, „wenn ihr trotz dieser Tatsache entschlossen seid, euch auf das Theater einzulassen, müßt ihr lernen, eure Körper und euren Geist zu entwickeln. Aber vor allem müßt ihr etwas entwickeln, ohne das nicht eine von euch ins Theater gehört: Phantasie! Ihr müßt euch für alles interessieren, was eure Phantasie anregt, was anders, vielleicht sogar geheimnisvoll ist ..."

„Wie das Okkulte, Dr. Bryce?" Die Worte kamen aus meinem Mund, bevor ich sie zurückhalten konnte.

Dr. Bryce stoppte abrupt, drehte sich um und starrte mich – ebenso wie die übrige Klasse – einen Moment lang an. „Vielleicht", sagte sie und runzelte die Stirn. „Vielleicht."

Einige Tage später saß ich im Theater und wartete auf den Beginn des obligatorischen wöchentlichen Gottesdienstes. Ein paar Mädchen aus meiner Schauspielgruppe saßen neben mir und fingen an, sich über Dr. Bryce zu unterhalten – was für eine faszinierende Person sie sei, welch einen fabelhaften Sinn für Humor sie habe und wie interessant ihr Kurs doch sei.

„Übrigens", sagte eines der Mädchen, „was meintest du eigentlich, als du neulich im Unterricht das Okkulte erwähnt hast? Weißt du mehr darüber?"

„Oh, ein bißchen schon", antwortete ich, erfreut über die plötzliche Aufmerksamkeit und über die Achtung, die ich ihren Gesichtern ablesen konnte. Vielleicht verstehen mich diese Mädchen besser als die in Mexiko, dachte ich naiv.

„Erzähl uns doch etwas darüber! Wir möchten es wirklich wissen."

Ich sprach also ein bißchen über das Wesen, das ich gesehen hatte und war so unfair, mich über die arme Terry und ihre Leichtgläubigkeit lustig zu machen. Meine Zuhörerschaft war ganz meiner Ansicht. Dann fragte mich eines der Mädchen, ob ich Warzen heilen könnte. Die auf dem Finger, den sie mir entgegenhielt, war wirklich abscheulich groß.

„Nun", antwortete ich lachend und hoffte, sie würde nicht ernsthaft etwas von mir erwarten, „so etwas ist nicht gerade meine Spezialität, aber ich werde sehen, was sich machen läßt. Gib mir nur ein paar Wochen Zeit!" Mit dem Verlöschen des Lichts und dem Beginn des Gottesdienstes war unsere Unterhaltung beendet.

Ich vergaß die ganze Sache, bis ich zwei Wochen später nachmittags von einem Mädchen angesprochen wurde, das einen ganz seltsamen Ausdruck im Gesicht hatte. Sie kam mir irgendwie bekannt vor, aber ich wußte nicht, wer sie war. „Danke, Johanna, vielen Dank."

„Aber bitteschön. Für was denn eigentlich?"

„Meine Warze – die, mit der du dich beschäftigen wolltest. Sie ist weg! Letzte Nacht ist sie abgefallen. Vielen Dank!"

Die Ehrfurcht in ihrer Stimme war unverkennbar. Ich schaute auf ihren ausgestreckten Finger. Tatsächlich, das komische Ding, an das ich mich jetzt lebhaft erinnerte, war wirklich weg. Ich wußte, daß ich nichts damit zu tun hatte, aber wenn sie das gerne glauben wollte, war's mir auch recht. „Oh, schön für dich", sagte ich und lächelte geheimnisvoll.

Schnell verbreitete sich die Nachricht von meiner Macht über „verruca vulgaris" (so nennt man Warzen) über das ganze College, und „Hexerei" war die beliebteste Erklärung für das, was sich zugetragen hatte. Schließlich kleidete ich mich ja hauptsächlich in schwarz und verbrachte viele Stunden damit, allein im Wald umherzugehen und geheimnisvolle Kräuter zu sammeln (Dekoration für meinen Schreibtisch). Und hatte ich nicht eine Plastik des Mephistopheles auf meiner Frisierkommode stehen (ein Geschenk aus dem Geschäft meiner Eltern und eine Anspielung auf den Abiturspruch meiner Mutter: „Wen der Teufel treibt, der muß wohl gehen."), und hatte ich nicht gleich am ersten Unterrichtstag mit Dr. Bryce über das Okkulte gesprochen? Außerdem war deutlich erkennbar, daß sie mich mochte (das allein mag schon ausgereicht haben, um den Fall zu meinen Ungunsten zu entscheiden). Dann war da natürlich noch die Sache mit dem Thema meiner Abschlußarbeit für das erste Semester. Ich hatte mir „Voodoo-Kult auf Haiti" ausgesucht – eine ziemlich unglückliche Wahl, wie ich zugeben muß, aber damals war es das einzige, was mich interessierte. Die letzten Argumente: ich hatte im Theater zu tun und liebte auch noch Katzen. Hätte man noch mehr Beweise gebraucht? Die einzig mögliche Antwort: Hexerei.

Inzwischen hatte ich eine kleine Gruppe Abtrünniger um mich geschart, die mir von solchen Erzählungen berichteten. Die anfängliche Niedergeschlagenheit machte Belustigung Platz. „Diese Dummköpfe sollen doch denken, was sie wollen", dachte ich. „Gott weiß, daß ich keine Hexe bin. Ich weiß ja, daß ich übersinnlich veranlagt bin; ich weiß ja, daß ich seltsame Kräfte entfachen kann, wenn ich unbedingt will, aber eine Hexe bin ich nicht. Es ist schon lustig, wie sie sich abmühen."

Jedenfalls schien ich das Wesen, das mir das Leben in Mexiko zur dauernden Qual gemacht hatte, hinter mir gelassen zu haben. Inzwischen war es über einen Monat her, daß ich seine Gegenwart wahrgenommen hatte. Vielleicht würde ich es nie wieder zu Gesicht bekommen. Die Aussicht darauf machte mir das Atmen etwas leichter.

Da geschah es.

An jenem Abend im Oktober war es im Theater kalt und still. Alle waren zum Abendessen gegangen. Ich hatte über fünf Stunden ununterbrochen gearbeitet und war erschöpft, entschloß mich aber, Überstunden zu machen, weil für die Aufführung am gleichen Abend noch einige Requisiten bereitzustellen waren. Zur ersten Aufführung des Jahres – ein Musical – hatte Dr. Bryce mir die Verantwortung für die Requisiten zugewiesen. Ich hatte kein Verlangen danach, meinen Kopf rollen zu sehen. Entsprechend groß war meine Anstrengung. Die vernichtende Reaktion von Dr. Bryce würde unausweichlich kommen, falls die für den Krämerladen benötigten „wirklichkeitsgetreuen" Fische nicht greifbar sein würden. Auch ihre Zuneigung zu mir würde mich nicht schützen. Der Verlust eines warmen Abendessens schien mir nur ein geringer Preis dafür zu sein, daß ich meinen Kopf behalten durfte.

Der winzige Arbeitsraum hinter der riesigen Bühne war vom Gestank der Farbe erfüllt, die auf dem Brenner brodelte. Ich drehte ihn ab und rührte die blubbernde graue Brühe noch einmal um. So. Ein paar Striche noch und diese Makrelen würden auf dreißig Schritt jeden hereinlegen. Ich drehte mich um, wollte nach dem Pinsel greifen und hielt erschreckt inne. Die Raumtemperatur war plötzlich gefallen. Ich zitterte. Flüchtig schaute ich mich im Zimmer um, um festzustellen, ob ich womöglich ein Fenster offengelassen hatte. Sie waren alle geschlossen. Dann hörte ich eine Stimme – leise und bedrohlich zischte sie mir ins Ohr: „Was machst du hier? Dies ist meine Zeit. Was machst du hier? Verschwinde!" Ich wirbelte herum. Es war niemand da. Dann schien die Stimme von der Bühne zu kommen. „Verschwinde! Dies ist meine Zeit."

Ich trat auf die dunkle Bühne zu. „Wer ist da?" rief ich, immer noch fröstelnd.

Nun sah ich eine große, glühende Leuchtkugel, die mitten auf der Bühne in der Finsternis langsam pulsierte. Wieder war die Frauenstimme zu hören. Dieses Mal schrie sie hysterisch. „Was machst du hier? Das ist meine Zeit. Verschwinde!"

„Es tut mir leid! Es tut mir wirklich leid. Ich wußte nicht, daß das Ihre Zeit ist. Ich gehe ja schon." Ich sprach in beschwichtigendem, ruhigem Ton, denn ich spürte instinktiv, daß ich in große Gefahr geraten würde, wenn ich mir die Panik anmerken lassen würde. Ich machte also kehrt und ging langsam die Stufen hinunter, die von der Bühne in den Zuschauerraum führten. Als ich hinten im Saal angekommen war, schrie die Stimme aus dem pulsierenden Licht noch einmal: „Verschwinde!“

Ich wandte mich um, lief in den Gang und drängte mich durch die schweren Türen, die in den Hof hinaus führten. Gerade hatte ich den Hof halb überquert, als ich fühlte, wie sich ein eisiger Blick in meinen Rücken bohrte. Zögernd sah ich über die Schulter zurück. Da, in dem Eingang, durch den ich soeben gekommen war, stand eine Frau in einem langen, weißen Kleid. Sie starrte mich einen Augenblick lang an, warf dann ihren Kopf zurück und lachte. Ich wandte mich wieder ab und rannte los.

Es kam nun kaum noch vor, daß ich allein im Theater war (eine Situation, die ich nach besten Kräften zu vermeiden suchte), ohne dieses schrille Gelächter zu hören. Gewöhnlich wurde es von lauten Schritten oder dem Geräusch eines raschelnden Rockes begleitet. Manchmal nahmen außer mir auch andere die Erscheinung wahr. Eine davon war Donna, eine Mitstudentin.

Wir hatten beide eine Rolle in Enid Bagnolds „Der Kreidegarten“ angeboten bekommen. Ein paar Tage vor den Vorstellungsproben verspürte ich abends den unwiderstehlichen Drang, Weinblätter zu zeichnen. Als ich dann das Schauspiel las und feststellte, daß Madrigal, die Hauptfigur, viele Stunden mit dem Zeichnen von Weinblättern auf Altarkerzen zubrachte, da wußte ich, daß dies – ungeachtet meines mangelnden schauspielerischen Talents – meine Rolle war.

Viele Jahre hatte ich den Eindruck gehabt, nicht Teil meines Körpers zu sein und mich von ihm trennen zu müssen. Und ausgerechnet jetzt, als es darauf ankam, Zuschauern das innere Wesen, die Seele des Charakters zu vermitteln, den ich darzustellen hatte, weigerte sich dieser Körper, angemessen auf meine Anordnungen zu reagieren. Ich hatte nämlich ausgesprochene Schwierigkeiten, mich für die hinteren Reihen verständlich auszudrücken. Deshalb hatte Donna mir für diesen Abend angeboten, nach der Probe noch zu bleiben und mir bei der Arbeit an meinem Part zu helfen.

Der Bühnenvorhang war heruntergelassen worden. Ich stand auf der Vorbühne, während Donna sich auf einen Platz hinten im Saal niedergelassen hatte. Wir hatten schon mehrere Minuten an einer bestimmten Szene gearbeitet, als ich direkt hinter mir von der anderen Seite des Vorhangs her so etwas wie ein Seufzen und leise Schritte hörte. Es schien so, als sei jemand dabei, durch den Schlitz im Vorhang hindurchzulangen und mir die Hand auf die Schulter zu legen. Abrupt drehte ich mich um und stürzte in die Falten des Vorhangs. „Wer ist da?“ rief ich. Der Vorhang teilte sich, und Donna und ich konnten sehen, wie sich eine zarte weiße Gestalt in das Dunkel zurückzog. Bei ihrem Verschwinden hallte das Echo leiser Schritte und noch leiseren Gelächters – in der mir schon bekannten hohen Tonlage – wider. Das war das letzte Mal, daß Donna mir anbot, spät mit mir im Theater zu arbeiten.

Ich versuchte, den Haß dieser Geisterfrau mit Opfern zu besänftigen. Einige Male sammelte ich farbenfrohe Sträuße aus Blättern und wilden Blumen, die ich ihr auf die Bühne brachte. „Hier ... ich habe Ihnen etwas mitgebracht. Können wir nicht Freunde sein?“ Eisiges Schweigen war die Reaktion auf meine Gaben. Aber dann wirbelten Angst und Wut in fast greifbaren Wellen um mich herum, und ich wußte, daß mein Geschenk abgewiesen worden war.

In diesem ersten Jahr am Wesleyan-College stand das Erntedankfest kurz bevor. Ich verbrachte es bei Mutters Schwester Dorothea und deren Familie. Durch die warmherzige, freundliche Art von Tante Dot fühlte ich mich sofort wie zu Hause. Um mir über das Trauma der ersten Ferien, die ich nicht daheim verbringen konnte, hinwegzuhelfen, machte sie mir ein Geschenk: ein „Ouija-Brett“. „Im Grunde“, sagte sie, „sollte jeder, der eine Abschlußarbeit über den Voodoo-Kult schreibt, so ein Brett haben!“

Ich hatte viel Spaß daran. Während meiner Untersuchungen über Voodoo hatte ich von den Brettern gehört, aber noch gar nicht gemerkt, wie leicht sie in den Vereinigten Staaten zu erhalten waren. Bald nach meiner Rückkehr ins College zeigte ich es Katy und Jill, die zusammen am Ende des Flures wohnten. Ebenso wie meine Zimmergenossin Ruth waren sie begierig, es auszuprobieren. Viele Stunden verbrachten wir damit, uns in einem schwach beleuchteten Zimmer mit dem Brett zu beschäftigen. Nach einiger Zeit fühlten wir immer die Anwesenheit eines Geistwesens um uns herum, und dann fing der Schreiber gewöhnlich an, Botschaften auszubuchstabieren. Es war ausgesprochen lustig und schien eine ganz unschuldige Sache zu sein, bis eines Abends von dem anwesenden Geist ein Gefühl überwältigender Boshaftigkeit ausging. Die Wasserpfeifen im Zimmer begannen laut zu knallen, und am Eingang schienen Blitze niederzugehen. Ich sah auf und erkannte dieselbe verschwommene, weißgekleidete Frau, die mir schon im Theater begegnet war.

Wegen dieser Erfahrung und durch die Tatsache, daß einige böse Voraussagen des Brettes über eines der anwesenden Mädchen beinahe in Erfüllung gegangen waren, erschrak ich so sehr, daß ich schwor, das Brett nie wieder zu benutzen. Es hatte inzwischen etwas Düsteres und Gefährliches an sich. Ein unschuldiges Spielzeug war es bestimmt nicht.

Zwar hatte ich die anderen Mädchen, die an den Experimenten teilgenommen hatten, zum Stillschweigen verpflichtet, aber es war wohl kein Wunder, daß das Gerücht von den merkwürdigen Vorkommnissen sich über das ganze College verbreitete. Mein Ruf bewegte sich rapide von „fragwürdig“ auf „eindeutig furchtbar“ zu. Eines Nachts war ein Mädchen hysterisch kreischend aus ihrem Zimmer gerannt, weil ihre Zimmergenossin aus Spaß ein schwarzes „J“ (angeblich „Johanna“) auf ihr Kissen gemalt hatte. Sie war sicher, ich hätte sie verhext und sie müsse jetzt sterben. Wenn mich in manchen Wohnheimen die Mädchen auf dem Flur entdeckten, knallten auf allen Seiten die Türen zu.

Eines Morgens wachte eine Freundin in der Frühe auf und sah mich außen an ihrem Fenster stehen. Sie wollte mich eben hereinbitten, als ihr plötzlich klar wurde, daß ihr Zimmer im zweiten Stock war. Zur gleichen Zeit lag ich auf meinem Bett und schlief. Im Traum sah ich meine Freundin im Bett liegen und jäh erwachen, nachdem sie – schlafwandelnd – aus dem Fenster geschaut hatte.

Dummerweise kam dem College-Präsidenten der Aufruhr, dessen Ursache ich zu sein schien, zu Ohren. Eines Morgens ging ich in der Cafeteria an ihm vorüber. „Äh ... guten Morgen, Johanna.“

„Guten Morgen“, antwortete ich höflich.

„Äh ... ich höre, du hast dich den okkulten Mächten hingegeben, meine Liebe?“ sagte er gedehnt. „Hältst du das für klug?“ Seine Frage traf mich wie ein Eimer kaltes Wasser.

„Wieso? Ich habe nichts in dieser Richtung unternommen“, protestierte ich und versuchte, das unschuldigste Lächeln aufzusetzen, das mir möglich war.

„Nun, mir ist etwas anderes erzählt worden! Sei von jetzt ab bitte vorsichtig. Guten Tag!“ sagte er, als er durch die Tür verschwand.

Von einer Studentin höheren Semesters hörte ich später, daß einige Jahre zuvor mehrere Mädchen von dem

College verwiesen worden waren, weil sie unten am See Hexensabbate abgehalten hätten. Außerdem hätten sie sich für verantwortlich erklärt, als ein ungewöhnlich heftiger Hagelsturm kurz nach ihrem Auszug das College-Gelände verwüstet hatte. Es war daher nur zu verständlich, daß der Präsident in dieser Sache irgendwie kribbelig war.

Nach zwei Jahren am Wesleyan-College sehnte ich mich nach einer Veränderung und fühlte mich auch reif dazu. Ich war es leid, mit einigen von der Kulturabteilung der Luftwaffenbasis herbeigeschafften Männern zu arbeiten, die vor der Premiere Beruhigungsmittel hinunterschlucken mußten und dann den ganzen Text völlig spannungslos herunterleierten. Außerdem wünschte ich mir eine gründlichere Ausbildung in den Bereichen Regie und Maskenbildung. Am meisten aber war ich auf Freiheit aus. Das Leben am College war genauso erstickend geworden wie das in Mexiko, wo jede meiner Bewegungen registriert und beobachtet wurde, damit mein Ruf auch ja keinen dauerhaften Schaden nehmen konnte. Ich bewarb mich also um einen Wechsel zur Universität von North Carolina in Chapel Hill, und ich wurde angenommen.

Ich wußte, daß ich Dr. Bryce und die Abende vermissen würde, an denen wir über das Theater diskutiert und Rachmaninoff und Tschaikowski gehört hatten, aber ich mußte einfach umziehen.

In der Tat sollte ich in Chapel Hill die ersehnte „Freiheit“ finden, aber was den weiteren Fortschritt meiner Ausbildung beim Theater anbetraf, war es der schlimmste Umzug, den ich hätte machen können.

Chapel Hill

Ich betrat das drollige kleine Theater und sah auf die Bühne hinunter. Wie sich dieses Theater und der ganze Komplex doch von dem unterschieden, was ich am Wesleyan-College hinter mir gelassen hatte! Ich ging hinunter zur Bühne, legte meine Hand auf die Kante und schaute über den hölzernen Fußboden. „An diesem Ort möchte ich selbst spuken, wenn ich gestorben bin", sagte ich leise zu mir. Kein Rührstück, sondern einfach die Feststellung einer Tatsache. „Du hast doch nichts dagegen, oder?" Als ich sprach, wurde mir die Gegenwart eines weiteren Wesens im Theater bewußt, so, als hätten meine Worte jemanden aus einem tiefen Schlaf geschreckt. Unerwarteterweise war es ein warmes, einnehmendes Gefühl – ganz anders als der kalte Haß am Wesleyan-College. Tränen rannen mir die Wangen hinunter. Ich war also endlich zu Hause!

Trotzdem war der Wechsel nach Chapel Hill nicht einfach. Gemischte Klassen waren mir fremd. Im Schauspielkurs entwickelte ich mich zu einem Lehrbeispiel dafür, wie eine ganze Serie plötzlich freigelegter Hemmungen eine Aufführung lahmlegen können. Mein Ausbilder dachte anscheinend, die Mauer meiner Zwangsvorstellungen durchbrechen zu können, indem er mir die Rolle einer Nymphomanin übertrug oder der Klasse herausfordernde, zotige Zweideutigkeiten entgegenschleuderte. Aber da lag er falsch.

Für mich wurde immer offensichtlicher, daß Professor Benecroft meine Anwesenheit in dem Schauspielkurs für einen bedauerlichen Fehler hielt. Das ganze Zutrauen in meine wachsenden Fähigkeiten, das ich durch Dr. Bryce vermittelt bekommen hatte, war dahin. Das Talent, das ich hatte, war nicht in der Lage, das wachsende Gefühl, eine Fehlbesetzung zu sein, zu überwinden.

Aber was machte das schon aus! Seit Monaten war mir klar, daß ich wahrscheinlich nie eine Karriere als Schauspielerin anstreben würde. Ich hatte gehofft, mehr in Richtung Regie als Hauptfach gehen zu können, aber es war mir nicht möglich, weil der Studienplan damals nicht entsprechend ausgerichtet war. Alle Kurse, die ich eigentlich in Chapel Hill ableisten wollte, waren nun unerreichbar für mich. Damit wurde die Schauspielerei für mich zu einer Tarnung, einer Entschuldigung. Ich konnte mich jetzt ganz von meinen Verschrobenheiten – als solche hatte ich sie inzwischen akzeptiert – regieren lassen und wußte, daß sie nur wenige Menschen irritieren würden. Immerhin war ich „beim Theater". Wer wußte schon, welch eine merkwürdige Rolle ich da aufführte!

„Wer merkt schon in der Welt des Wassers, wenn ein Goldfisch weint."

Trotzdem fand ich eine kleine Gruppe von Menschen, in deren Gesellschaft ich mich wohlfühlte. Das Theater formte einen besonderen Bund aus einigen von uns, eine Art geheime Bruderschaft.

Nach den Vorstellungen versammelten wir uns manchmal in dem Zimmer von Jack und Adam auf der obersten Etage des Graham Memorials, unserem Theatergebäude, um „Pot" (Marihuana) oder Hasch zu rauchen und uns zu unterhalten. Ich habe erst heute begriffen, was Pot überhaupt ist, damals, in meiner neuen Umgebung, kam es mir ganz unschuldig vor.

Es war eine interessante Gruppe. Jack hatte Schauspielerei als Hauptfach. Ungeachtet seiner Entschlossenheit, Richard III. zu spielen, war er sanft und liebenswürdig.

Er hatte eine gute Stimme, und ich fand Gefallen daran, sein rauhes, ernstes Gesicht zu beobachten, wenn er sich über seine Gitarre beugte.

Adam, sein Zimmergenosse, war mit Technik beschäftigt und hatte das wunderschönste kastanienbraune Haar, das ich je gesehen hatte.

Und dann war da noch Kevan – schlank, blauäugig und mit einem leicht spöttischen Lächeln, das ich sehr anziehend fand. Kurz nach meiner Ankunft in Chapel Hill informierte Kevan mich darüber, daß einige der Kerle das Ouija-Brett meinetwegen befragt hatten. „Na ja“, sagte er und lächelte schüchtern, „du hast halt so wenig über dich mitgeteilt und hast so ein geheimnisvolles Gebaren an dir, daß sie neugierig wurden.“ Seit meinen Erfahrungen in Wesleyan hatte ich gelernt, meinen Mund zu halten.

„Und was hat es ihnen erzählt?“ fragte ich überrascht. Ich hatte nicht im Traum daran gedacht, daß irgend jemand überhaupt wüßte, was ein Ouija-Brett ist.

Kevan lief ein bißchen rot an und stammelte: „Also, es ... es sagte, du seiest die Inkarnation einer Priesterin von einem anderen Planeten ... und ... ähem ... daß du sonderbare Kräfte in dir hättest, die du gerade entdecken würdest, daß du eine merkwürdige, geschriebene Sprache kennst und daß du Auren und Astralprojektionen sehen kannst. Tatsächlich haben sie alle ein bißchen Angst vor dir.“

Ich sagte nichts. Als er es so erzählte, hörte es sich lächerlich an. Aber was das Brett ihnen da mitgeteilt hatte, lag erstaunlich nahe an dem, was ich selbst jahrelang verspürt hatte.

„Nun“, bohrte er lachend, „stimmt es denn?“

„Was soll ich dazu sagen, wenn die Leute so etwas denken?“ erwiderte ich. „Aber wenn ich du wäre, würde ich meine Finger vom Ouija-Brett lassen. Es kann gefährlich werden.“

Ich mußte an mein eigenes Brett denken, das ganz unten in meiner Truhe verborgen war. Ich blickte Kevan lange an, als wir weitergingen. Er erschien mir jetzt in einem neuen Licht. Ganz offensichtlich hatte er nur sehr begrenztes Wissen über Metaphysik, aber wenigstens hatte er den Nerv besessen, mit seinen Fragen direkt zu mir zu kommen. Möglicherweise hatte ich einen Freund gefunden, der Verständnis zeigen würde.

Beck war auch in der Gruppe. Mit seinen großen, braunen Augen, seinem langen Haar und seiner hohen Stirn erinnerte er mich an ein Portrait von Shakespeare, das ich einmal gesehen hatte. Beck mochte mich, aber ich hielt ihn über ein Jahr lang auf Abstand. „Eines Tages wirst du merken, daß du mich brauchst", sagte er. „Ich kann warten."

Und dann gab es noch Damon, wohl der talentierteste Schauspieler bei den „Playmakers" seit langer Zeit. Düster, grüblerisch und leidenschaftlich, erinnerte er mich an mich selbst. Wäre ich ein Mann, wäre ich vermutlich wie Damon, dachte ich bei unserer ersten Begegnung. Was mich enttäuschte, war, daß er eine Freundin hatte, ein schönes, dunkelhaariges Mädchen. Ich wußte, daß ich wahrscheinlich keine Gelegenheit haben würde, ihn näher kennenzulernen.

So gern ich unsere Gruppe auch mochte, so wenig fühlte ich mich dort wirklich wohl, und ich wandte mich auf der Suche nach echter Gemeinschaft dem Wesen im Theater zu. Ich konnte seine Anwesenheit spüren, obwohl es bisher keine körperliche Manifestation gegeben hatte. Nach dem Gründer der „Playmakers" nannte ich es „Professor Koch".

Eines Abends spät kam dann der Ruf. Ich wurde von dunklen Gestalten aufgeweckt, die flüsternd und murmelnd um mein Bett herum standen und mich zum Theater winkten. Ich stand auf, zog mich leise an, um meine

Zimmergenossin Paula nicht zu wecken, und lief durch den Vorgarten und über den verlassenen Hof ins Theater. Schon ein paar Wochen nach meiner Ankunft in Chapel Hill war es mir gelungen, einen eigenen Schlüssel zu bekommen. Ich schlüpfte in den dunklen Flur, zog die Türen hinter mir zu und rannte die wenigen Stufen herauf, um das Licht anzuknipsen. Weiches Licht erfüllte das Theater. Ich saß auf den Stufen vor der Bühne und wartete. Ich wußte, daß man mich gerufen hatte, war aber nicht sicher, warum. Minuten vergingen. Dann hörte ich, wie die inneren Schwingtüren am Vordereingang anfingen, gegen die verschlossenen Türen zu schlagen. Das Geräusch verschwand so plötzlich, wie es gekommen war. Stille.

Dann erschien in der Tür eine zweidimensionale, verschwommene Mannsgestalt mit dickem, grauem Haar und bekleidet mit dunkel gestreifter Hose, weißem Hemd und einer komischen kleinen Schleife. Er hielt inne und schaute mich einen Moment lang an – dann bewegte er sich auf mich zu. Im Gang hielt er auf halbem Wege an, setzte sich auf einen Platz und sah mich noch einmal an. Ich sagte nichts. Es war nicht notwendig. Ich spürte, daß er alles kannte, was ich dachte, all die Erwartungen, verknüpft mit der Furcht, die ich gerade empfand. Eine Melodie erfüllte das Theater – drängend, wunderschön, ein Gesang ungezügelter Sehnsucht und Einsamkeit. Die Melodie – gedämpft wie ein altes hebräisches Lied aus der Wüstenzeit – ging auf und ab und erzählte mir von der Heiterkeit des Todes.

Dann merkte ich, daß meine eigene Stimme das Instrument für diese Melodie geworden war, daß sie durch meinen Mund kam und mir selbst gehörte. Als das Lied zu Ende war, stand ich auf und schaute wieder zu Professor Koch hinüber. Er lächelte mir zu und verschwand geräuschlos aus meinen Augen. Die Gabe des Gesanges war mir dargereicht worden. Es war Zeit zu gehen.

Einige Tage später machten die „Kleinen Leute“ ihre Aufwartung. Fünfzig bis sechzig Zentimeter groß, standen sie da, durchsichtig wie Professor Koch, aber grün und braun gekleidet. Ihre kleinen, häßlichen Gesichter waren mollig und gerötet, und sie blinzelten mit den Augen, als sie mich von einem Holzstoß in der Werkstatt des Theaters aus heimlich anstarrten. Häufig begleiteten mich vier oder fünf von ihnen auf meinen Spaziergängen durch den moosbewachsenen Friedhof, der genau hinter meinem Wohnheim lag. Sie sagten niemals etwas – sie spielten einfach nur, tollten umher und brachten mich zum Lachen. Trotzdem war ich mir in bezug auf sie nicht so sicher wie bei dem, was ich im Theater gesehen hatte, und ich fragte mich, ob ich sie wohl tatsächlich sehen würde – ob es sie tatsächlich gab.

Damon

Das schrille Klingeln des Telefons schreckte mich auf, und mein Kopf schnellte in die Richtung, aus der das Geräusch kam. Mehrere brennende Kerzen waren im Zimmer verteilt und warfen seltsame, wogende Schatten an die Wände. Mein Kopf war erfüllt von dem süßlichen Duft von Weihrauch und Myrrhe, die auf einem kleinen Stück Kohle glimmten. Es klingelte zum zweitenmal. Ich wandte mich von der Frisierkommode ab, vor der ich gestanden hatte, und nahm den Hörer von der Gabel.

„Bist du's Johanna?"

„Ja."

„Hier ist Damon. Ich muß mit dir sprechen. Kann ich gleich vorbeikommen?"

„Natürlich." In meiner Stimme lag nichts von der Überraschung, die ich empfand.

„Ich bin in zehn Minuten da."

Ich hängte ein und ging zurück zu der antiken Tonfigur auf meiner Frisierkommode.

„Hast du gehört, Tiresias? Damon kommt. Ich möchte wissen, was er will. Bisher hat er nur einmal mit mir gesprochen, aber ich habe gemerkt, wie er mich mit seinen dunklen Augen beobachtete. Wie sonderbar, daß er anruft."

Ich starrte in die blinden Schlitzaugen des vorkolumbianischen Feuergottes. Er hatte einen kahlen, unförmigen Kopf und saß mit gekreuzten Beinen da, das Kinn auf die Hände gestützt. Auf seinem Mund lag ein heiteres, wissendes Lächeln. Er sah weise und betagt aus, dieser „alte Mann mit dem faltigen Gesicht ..., der in Theben unten an der Mauer saß und zwischen den niedrigsten der Toten einherging“ (T.S. Eliot).

Tiresias, der altertümliche Prophet, war in Cuernavaca einem alten Medizinmann abgekauft worden, als ich fünfzehn war. Tiresias gab mir meine „Sprache“, als ich – noch am Wesleyan-College – eines Abends im flackernden Kerzenlicht vor ihm saß und ihn anstarrte. Es war eine Sprache, die in Worten nicht auszudrücken war, vom Erscheinungsbild her halb Chinesisch, halb Arabisch. Man konnte aber in ihr schreiben und so jede Empfindung, jede rasende Leidenschaft der Seele ausdrücken, die unfähig oder vielleicht zu erschrocken war, ihr wogendes Leben im gesprochenen Wort zu offenbaren. Das niedergeschriebene Verlangen, die Hoffnung und die Liebe umgab ich mit den Weinreben, die ich einst für Madrigal gezeichnet hatte – dicke, gefüllte Reben, von denen diese zerbrechlichen Gefühle ihre Kraft nehmen konnten, um nicht sterben zu müssen, bevor sie in Erfüllung gegangen waren.

Leise hatte es an der Tür geklopft, bevor sie sich öffnete. Eine große, schlanke Gestalt mit durchdringenden, merkwürdig schiefen Augen stand im Korridor. Ein schwaches Lächeln umspielte die Mundwinkel. Damon trug einen langen, schwarzen Umhang, den er für seine Rolle als Graf Dracula in der neuesten Einspielung der Playmakers benötigte.

„Komm herein, Damon!“

Er hielt einen Moment inne, trat dann in das gedämpft erleuchtete Zimmer und erfüllte es sogleich mit einer düsteren, mysteriösen Ausstrahlung.

„Komm, es gibt jemanden, mit dem ich dich bekanntmachen möchte.“ Ich führte ihn zur Frisierkommode. „Das hier ist Damon, Tiresias.“ Ich hob Tiresias hoch, damit sie sich von Angesicht zu Angesicht begrüßen konnten. „Und das da“, ich zeigte auf den grinsenden Holzteufel zwischen den Kerzen, „das ist Mephistopheles.“ Mit gedrücktem Lachen fügte ich hinzu: „Wen der Teufel treibt, der muß wohl gehen.“

„Treiben dich denn die Teufel, Johanna?“

Ich begegnete seinem Blick und schwieg.

Für mehrere Sekunden beobachtete er mich gespannt und zog etwas aus der Tasche. Es waren zwei kleine Päckchen aus Aluminiumfolie, die er vor Tiresias auf die Frisierkommode legte.

„Ich habe dir das mitgebracht.“

Ich sah zu ihm auf.

„Es ist Meskalin“, beantwortete er meine unausgesprochene Frage. „Wollen wir es zusammen nehmen?“ Die schmalen Augenschlitze gaben seinem Gesicht im Kerzenlicht ein sonderbares, fremdartiges Aussehen.

„Bitte“, sagte er sanft, „es ist wichtig.“ Ich nahm eine Tasse, füllte sie in einer Zimmerecke an der Spüle mit Wasser und stellte sie neben die beiden kleinen Päckchen auf die Frisierkommode.

Sorgfältig entfernte er die Verpackung von den Tabletten und gab mir eine davon. Ich verspürte hinten in meiner Kehle den leicht bitteren Geschmack, als ich sie schluckte. Ich reichte die Tasse an Damon weiter und sah zu, wie er die zweite Tablette in den Mund nahm und hinunterschluckte.

„Zieh deinen Umhang an. Es ist kalt draußen, und wir werden spazierengehen.“ Ich langte nach meinem schwarzen Umhang und zog ihn mir bis über den Kopf, während Damon sich seinen um die Schultern legte.

Wir traten in die kühle, klare Nacht hinaus und überquerten das Universitätsgelände. Innerhalb von Minuten schien sich die ganze Welt in ein Märchenland verwandelt zu haben, in dem winzige Diamanten aufblitzten und funkelten und zu bunten Flammen zerbarsten, wohin ich auch schaute. Welch eine erhabene Schönheit mich da umgab! Mir war, als würde mein Geist sich jeden Moment aus dem Körper erheben und sich mit offenen Armen dem glitzernden Weltall um mich herum entgegenwerfen, um nie wieder zurückzukehren. Wir gingen zum Graham Memorial. Jack und Adam waren nicht zu Hause.

Wir traten wieder zurück in die glänzende Dunkelheit. Und ich flog! Endlich war ich freigekommen von diesem Körper, der mich an die Erde gefesselt hatte. Unten sah ich mich an Damons Seite gehen und fragte mich, was es wohl war, das meinen Körper neben ihm dahingleiten ließ.

Stundenlang ließen wir uns durch die Nacht treiben. Oder waren es nur Minuten? – Ich bin nicht sicher. Plötzlich jedoch öffnete ich die Augen und stellte fest, daß wir auf dem Friedhof waren. Damon ging vor mir. Er war nicht mehr länger der talentierte Schauspieler, der in seinem langen schwarzen Umhang den Grafen Dracula spielte. Er war Dracula selbst. Im Gehen sah ich, wie die Steine zu Gesichtern wurden, deren verschrumpeltes Fleisch abfiel und nur Schädel mit glotzenden Augen und kreischendem Mund zurückließ. Ich versuchte meine Gedanken auf die Steine zu konzentrieren, von denen ich wußte, daß sie Realität waren. Neben einem zerfallenen Grabstein hielt Damon an. Er drehte sich um und schaute mich an, seine Augen hart und kalt, das halbe Lächeln in seinem weißen Gesicht gespenstisch verzerrt. Dann beugte er sich langsam nieder, streckte sich auf dem Grab aus und kreuzte die Arme über der Brust. Ich stand auf dem Grab neben ihm und legte mich ebenfalls hin, als wäre ich tot.

Um mich herum waren Stimmen zu hören, Stimmen, die ich schon bei anderen Gelegenheiten auf dem Friedhof wahrgenommen hatte. Jetzt aber waren sie irgendwie klarer, weniger entfernt. Sie seufzten und beklagten den Tod eines geliebten Menschen. Ihre Stimmen waren seltsam vermischt mit den Schreien derjenigen, die schon lange in ihren Gräbern eingesperrt waren und ihre Gefangenschaft beklagten. Eine Stimme ächzte unter mir, wimmerte und schien sich in der Beengung des Sarges zu schaffen zu machen. Konnte es etwa sein, daß man nicht einmal im Tod Frieden hat? Bisher hatte ich es geglaubt.

„O Gott, Gott – hilf mir! Ich bin einsam und habe solche Angst!“ Die Stimmen huschten um mich herum; dann wieder entfernten sie sich, als hätte sie ein abgeflauter Hurrikan mit aufs Meer genommen.

Ich öffnete die Augen und drehte den Kopf. Damon lag immer noch auf seinem Grab. Schließlich erhob er sich langsam, stand auf und schickte sich wortlos an, den Platz des Todes zu verlassen.

Wir stießen auf den Rückweg nach Graham Hall. Es war eine Stunde vor Sonnenaufgang, die Wirkung der Droge ließ langsam nach. „Laß uns hier ein bißchen hinsetzen.“ Damon sank auf die Stufen nieder, die in den zweiten Stock des Gebäudes hinaufführten. Der schwere Umhang fiel ihm von den Schultern. Ausgepumpt, die Vorräte an Energie und Gefühlen aufgebraucht, setzte ich mich neben ihn auf die Stufen. Dann, nach einer Pause: „Warum, Damon? Was soll das alles?“

„Das ist wirklich ganz einfach“, antwortete er. „Ich möchte dich kennenlernen, und ein solcher Trip ist eine der schnellsten Möglichkeiten, durch die ganze Verpakkung hindurchzukommen.“

„Was meinst du damit?“ fragte ich.

„Ich spreche von dir, Johanna. Du hast um dich herum eine Festung aufgebaut. In den vier Monaten, die du hier bist, scheint es niemandem gelungen zu sein, dich echt zu begreifen.“

„Ich weiß. Exakt das wollte ich auch erreichen."

„Aber warum, um Gottes Willen? Weißt du überhaupt, daß man sich allerhand merkwürdige Geschichten über dich erzählt? Die Leute glauben, daß du spinnst. Einige von diesen Kerlen von der Technik hast du sogar glauben gemacht, du seiest eine Priesterin von einem anderen Planeten und hättest sonderbare Kräfte."

Ich lächelte. „Ja. Kevan hat's mir erzählt."

„Und dann die Sache mit Tiresias, der dir eine Sprache geschenkt hat, und deine Kleinen Leute – was ist das eigentlich für ein Spiel, das du da spielst, Johanna?"

Das Wort überraschte mich. „Spiel?" fragte ich sanft. „Ist es denn wirklich ein Spiel? Manchmal weiß ich es selbst nicht, Damon. Ich weiß, daß manche glauben, ich wäre verrückt – oder doch wenigstens nahe daran. Ich kann es in ihren Gesichtern lesen, wenn sie mich anschauen. Weißt du, manchmal muß ich über ihre Blindheit und Einfalt lachen und schmiede listige Pläne, um ihre Überzeugung auszunutzen. Aber dann höre ich plötzlich wieder damit auf, weil ich über meine eigene Verschlagenheit erschrocken bin."

Meine Stimme klang müde und schien von weit her zu kommen. „Mag sein, daß sie recht haben. Vielleicht bin ich ja wirklich verrückt. Ich fühle mich tatsächlich so, als gehörte ich nicht in diese Welt, als wäre ich für eine andere Dimension geschaffen worden – eine funkelnde, strahlende Welt, in die ich mich emporschwingen, in der ich fliegen und zusammen mit meinen Leuten Gott an seinem Altar dienen kann. Hast du schon mal das Gefühl gehabt, daß du gar nicht Teil deines Körpers bist? Daß du nur versehentlich in ihn hineingesteckt worden bist?" Damon sah mich aufmerksam an, sagte aber nichts. „Ich schon", fuhr ich fort. „Ich fühle mich in meinem Körper gefangen. Das Leben ist mehr, Damon. Um uns herum gibt es überall Geistwesen. Ich kann sie sehen und hören. Ich spüre, wenn sie mir nahe sind und mich rufen – aber manchmal habe ich solche Angst vor ihnen. Ab und zu haben sie etwas ganz Böses an sich. Seit ich klein war, kommen sie schon zu mir. Es gibt sie, Damon. Andere haben sie zusammen mit mir gesehen und gehört. Aber Tiresias und meine Kleinen Leute ... ich weiß es nicht. Vielleicht bin ich so einsam gewesen, daß ich sie mir in meinem Kopf selbst geschaffen habe. Manchmal habe ich solche Angst, Damon. O Gott, wenn ich doch bloß Frieden in mir finden könnte!"

Lange Minuten sagte Damon gar nichts. Sein Gesicht drückte Gelassenheit aus, aber in seinen Augen spiegelte sich eine gefangene, schreiende Seele wider, die verzweifelt nach den labenden, heilenden Wassern des Friedens Ausschau hielt – ohne wirkliche Hoffnung, sie jemals finden zu können. Ich kannte diesen Blick.

Es war mein eigener.

Zornige Schatten

Im April beschloß ich, mir eine Schlange anzuschaffen. Ich faßte diesen spontanen Entschluß, als ich gerade einige übel geprellte Rippen auskurierte. Die Verletzung hatte ich mir zugezogen, als ich im Ford's Theater in Washington von der Bühne gefallen war.

Einige Monate zuvor hatten wir mit einer ungewöhnlichen Produktion – einem deutschen Drama mit dem Titel „Woyzeck" – am Amerikanischen-College-Theater-Festival teilgenommen. Unsere Aufführung kam unter die zehn besten von 240 aus dem ganzen Land, eine Tatsache, die uns die Ehre eines Auftritts im Ford's Theater eintrug.

Am Ende der vierten Szene der Eröffnungsvorstellung wurde auf das Stichwort hin langsam abgedunkelt. Dann aber fiel das Licht ganz aus. Irgendwie muß ich mich auf der Bühne gedreht haben und über den Bühnenrand hinausgetreten sein. Ich landete auf dem einzigen Kulissenteil im Orchesterraum. Wäre ich auch nur ein paar Zentimeter von dieser Richtung abgewichen, so wäre ich über ein Rampenlicht gestolpert und auf irgendeine Kante gefallen, was mich vielleicht sogar das Leben gekostet hätte. Jedenfalls nahm mir der Sturz völlig den Atem. Ich hatte auf meiner rechten Seite lähmende Schmerzen, so daß ich fünfzehn Minuten lang einfach dalag und mich fragte, ob ich von den vordersten Reihen aus gesehen werden konnte. Ich hoffte, es würde nicht so sein. Dort saßen nämlich die Theaterkritiker. Als ich wieder atmen konnte, zog ich mich während eines Szenenwechsels zurück auf die Bühne und spielte meine Rolle zu Ende.

Einige Jahre später las ich einen Zeitungsartikel, in dem erwähnt wurde, daß auf genau dieser Bühne schon viele Darsteller merkwürdige Unfälle erlitten hatten, insbesondere auf dem Weg, auf dem Booth nach der Ermordung Lincolns zu flüchten versucht hatte. Die Stelle, an der ich gefallen war, lag der beigefügten Skizze zufolge, exakt auf diesem Weg.

Mama flog aus Mexico herüber, um sich um mich zu kümmern. Ich weiß nicht, wie ich diese Zeit ohne sie hinter mich gebracht hätte. Auf der ganzen Welt gab es keine tröstendere Hand für mich als die meiner Mutter.

Nach einigen Wochen konnte ich wieder selbst für mich sorgen, und sie kehrte nach Mexiko zurück. Zu dieser Zeit entschloß ich mich, mir eine Schlange anzuschaffen (nicht als Ersatz für meine Mutter, möchte ich ganz schnell hinzufügen). Außerdem erschien es mir oberflächlich, die Szene über Kleopatras Tod im Schauspielkurs ohne Giftschlange aufzuführen. Und schließlich hatte Professor Benecroft gesagt, lebende Requisiten seien immer sehr hilfreich. Schade genug, daß es in „Barney's Tierreich" gerade keine Giftschlange mehr gab. Was sie aber hatten, war eine verlockende südamerikanische Baby-Boa. Sie war nur fünfzig Zentimeter lang und hatte das allerhübscheste Muster auf ihrem Rücken. Ich nannte sie Quetzalcoatl, legte sie mir um den Hals und trug sie nach Hause.

Auf dem Weg ins Wohnheim lief mir Adam über den Weg. Er fand mein neues Haustier ganz bezaubernd und ließ sich nicht abhalten, augenblicklich in die Werkstatt zu gehen. Nach fast zwei Stunden Hämmern und Sägen präsentierte er mir einen hölzernen Käfig. Er hatte einen Lederriemen, so daß ich ihn mit mir herumtragen konnte. Und auf einer Seite war eine Scheibe eingelassen, so daß

Quetzalcoatl herausgucken konnte. Mit einem kleinen Wasserfäßchen und einem Zweig war die Ausstattung komplett.

Die Reaktionen auf mein Haustier waren unterschiedlich. Entweder wurde es sofort akzeptiert und liebkost oder – was häufiger vorkam – mit spitzen Schreien entsetzter Zukenntnisnahme begrüßt. Die Ablehnung der Schlange wurde auch auf mich übertragen, wie zum Beispiel von einer Lehrerin, die seit einem gewissen Nachmittag nicht mehr mit mir reden mochte. Zu dieser Zeit war es immer noch kalt, so daß ich das Tier wie gewöhnlich um meinen Hals legte, damit es warm blieb.

Mitten in unserer Unterhaltung stoppte die Lehrerin, um meinen Halsschmuck zu bewundern. „Meine Güte, ist das aber ein ungewöhnliches Schmuckstück, das du da trägst." Sie streckte die Finger aus, um den ausgefallenen Stoff zu befühlen. Quetzalcoatl hob den Kopf und schnellte ihr die Zunge entgegen. Der nachfolgende Schrei ließ auf dem halben Universitätsgelände die Köpfe herumwirbeln.

Meine Kleopatra-Darbietung verbesserte sich durch den Erwerb der Baby-Boa keineswegs, setzte aber eine Monate andauernde Mode an der Universität in Gang. Wichtiger für mich war allerdings, das Quetzalcoatl etwas Lebendiges war, für das ich sorgen und das ich lieben konnte.

Ich weiß, daß viele es nicht glauben werden, aber Boas sind liebenswerte Persönlichkeiten – na ja, wenigstens südamerikanische Boas. Mittelamerikanische Boas haben ihre Macken und beißen. Meine hatte nach einigen Wochen gelernt, züngelnd meinen Geruch zu erkennen, sich dann einen Weg über meinen Schreibtisch zu bahnen und sich um meinen Arm zu wickeln – etwas, das sie bei niemandem sonst machte (genauso, wie niemand dagewesen wäre, den sie vielleicht hätte erwürgen wollen).

Zugegeben, eine Schlange war von meiner ersten Wahl für ein Haustier himmelweit entfernt. Ein flauschiges Kätzchen wäre mir unendlich lieber gewesen, aber in diesem Wohnheim wäre ich mit einer Katze nicht weit gekommen. Ich hatte zu Recht den Verdacht, die Mädchen würden wohl weniger geneigt sein, der Hausmutter die Anwesenheit einer Schlange als Haustier anzuzeigen – nämlich aus Angst, das Tier könnte vielleicht eines Nachts unter ihrem Kopfkissen auftauchen.

Außerdem bildete ich mir ein, durch Quetzalcoatl einen Funken Schutz zu genießen. Sehen Sie, es hatte sich nun einmal herumgesprochen – ich weiß wirklich nicht wie –, daß der Biß dieser Boa anders als der aller anderen giftig war; schwach giftig zwar, aber für manche eben doch tödlich. Auf meinen Wanderungen spät abends ging man mir auch bald weiträumig aus dem Weg.

Im Sommer 1970 bemühte ich mich verzweifelt, einen Theaterkurs zusammenzubekommen. Ich brauchte noch einige Punkte, die ich der University of North Carolina gegenüber vorweisen mußte, wollte sie mir aber nicht in den Vereinigten Staaten erwerben. Also ging ich mit Mutter zur University of the Americas in Cholula, Puebla, einer am Fuß von zwei schneebedeckten Vulkanen gelegenen Stadt mit verfallenen Pyramiden und 365 Kirchen.

Die deprimierende Geschichte dieses Sommers (dem Ballett-Fiasko früherer Tage ähnelnd) bleibt besser unerwähnt. Im Licht meines letzten College-Wechsels kam es nicht unerwartet für mich, daß die Theaterkurse in Cholula wegen nicht beherrschbarer Schwierigkeiten abgesagt werden mußten – die Lehrerin hatte gekündigt.

Kurz und gut, am Semesterende war ich unter Mithilfe meiner Eltern und einer wundervollen Dame, die sogleich „Mama“ Clarine Furrow genannt wurde, Produzentin, Regisseurin und Hauptdarstellerin einer öffentlichen Aufführung von „Miss Julie". Damit erwarb ich mir die notwendigen Punkte. Wenn man bedenkt, daß der größte Teil des Ensembles fehlte, weil man lieber Ausflüge machte oder weil man aus verschiedenen, allesamt lächerlichen Gründen aufgehalten worden war, dann war die Aufführung gar nicht so schlecht. Ausnahme war vielleicht die Szene, in der sich Papa ganz allein bemühte, den Eindruck „fröhlich tanzender Bauern" hervorzurufen.

Schließlich war der Sommer vorüber und ich immer noch nicht in einen Vulkan gesprungen. Am ersten Abend nach meiner Rückkehr nach Chapel Hill eilte ich hinaus, um für Professor Koch einen kleinen Strauß aus Blättern und Blumen zu sammeln. Es war schon nach Mitternacht, als ich mich zum Theater aufmachte und die Türen aufschloß. Wie immer, schlüpfte ich schnell hinein, verschloß die Türen wieder hinter mir und tappte durch die kleine Vorhalle zum Lichtschalter am Eingang des Saales. Leise machte es „Klick", und gedämpftes Licht überflutete die Bühne.

„Ich bin zurück", rief ich mit verhaltener Stimme. „Professor Koch? Ich bin zurück ... Hier, ich habe Ihnen Ihre Blumen mitgebracht."

Vorsichtig legte ich den kleinen Strauß auf die Bühne. Stille.

„Professor? ... Können Sie mich hören? Ich bin wieder da." Als wenn gleich ein heftiger Sturm um mich herum ausbrechen würde, begann die Atmosphäre zu brodeln und sich zu verdichten. „Professor ... Professor ... sind Sie da?" Mit zitternder Stimme stand ich auf der Bühne und schaute in den Saal hinein.

Die inneren Schwingtüren schlugen gegen den Rahmen der Außentüren, die ich gerade verschlossen hatte. Es war nicht das sachte Geräusch, das sonst immer die Ankunft des Professors ankündigte. Vielmehr steigerte es sich zu einem ungestümen, zornigen Lärm, als würden die Türen in tausend Stücke zerschmettert. So plötzlich, wie es gekommen war, hörte das Knallen auf – Totenstille. Dann brauste etwas überwältigend Böses ins Theater und umflutete mich. In meinem Kopf hörte ich eine Stimme – tief, durchdringend und bebend vor Wut.

„Wo bist du gewesen? Du hast mich verlassen. Du hast mir nichts Grünes auf die Bühne gebracht. Wo bist du gewesen?"

„Es tut mir leid, Professor Koch, ich mußte über den Sommer weggehen. Wissen Sie denn nicht mehr, daß ich vor der Abreise hier war, um mich zu verabschieden? Warum sind Sie so wütend?"

„Du hast mich verlassen!" zischte die Stimme zurück. „Du hast mir nichts Lebendiges, nichts Grünes gebracht."

„Ich ... es tut mir leid. Hier, sehen Sie! Ich habe Ihnen Blumen mitgebracht. Hier sind sie." Ich hob den Strauß hoch, damit er ihn sehen konnte, und legte ihn wieder auf die Bühne.

„Laß mich allein. Ich möchte nicht, daß du jetzt bei mir bist." Es war die gebieterische Stimme eines verletzten Liebhabers, der wegen der Vernachlässigung durch seine Geliebte beleidigt war und Zeit zur Heilung der Wunden benötigte.

„Entschuldigung, Professor Koch. Es tut mir leid." Ich hatte Tränen in den Augen. „Darf ich später wiederkommen?" Die einzige Antwort war eisiges Schweigen.

Verwirrt und erschrocken verließ ich das Theater.

Fast zwei Wochen lang besuchte ich das Theater nur bei Tageslicht. Täglich nahm ich ein Opfer aus Grünzeug mit, das ich auf die Bühne legte, und nach einiger Zeit spürte ich, daß er mir nicht mehr böse war. Dennoch war es nicht mehr die gleiche völlige Annahme wie zuvor. Ich wurde manchmal, wenn ich mitten in der Nacht oder kurz vor Sonnenaufgang aufstand und ins Theater ging, von einem unsichtbaren Hindernis in Empfang genommen – als hätte man ein Netzwerk aus Gummifäden vor den Eingang gespannt. Ich hielt das für eine zeitweilige Erscheinung. Professor Koch war eben noch aufgebracht. Er würde schon darüber hinwegkommen. Dann, einige Monate später, kam der endgültige Bruch.

Es war während der Laufzeit einer Komödie mit dem Titel „Der Trick". Kevan war der Bühnendirektor des Stückes. Ich selbst war mit Versuchen für eine unbedeutende Show beschäftigt, die im Graham Memorial stattfand. Nach meinem Part ging ich gewöhnlich hinüber zu den Playmakers, um mir den letzten Akt anzuschauen und Kevan beim Abschließen des Theaters zu helfen. Anschließend unterhielten wir uns an der Bühne noch ein Weilchen, bevor er mich dann nach Hause brachte. Die Vorstellung war schon einige Abende gelaufen, und es war niemand sonst mehr da, als Kevan seinen langen Körper in einen Sitz in der ersten Reihe fallen ließ und seine Beine oben auf die Bühnenkante legte. „Mein Gott, bin ich fertig!" seufzte er. „Ich kann es gar nicht abwarten, bis diese Aufführungen zu Ende sind."

„Was ist los, Kevan? Hat es heute abend nicht geklappt?" fragte ich und ließ mich auf den Platz zu seiner Rechten fallen.

„Oh, es war nicht schlechter als sonst. Vermutlich bin ich einfach müde."

„Ich kann es dir nicht verübeln", seufzte ich. „Diese Komödie zählt auch nicht gerade zu meinen Lieblingsstücken. Aber wenigstens bist du mit einer größeren Produktion beschäftigt", fügte ich wehmütig hinzu.

„Das mag schon sein, aber was sich da hinter der Bühne für verrückte Dinge zugetragen haben, würdest du nicht glauben." Er wollte es mir gerade erklären, als links hinter ihm im Saal etwas meinen Blick gefangennahm. Während Kevan weitersprach und seine Stimme von weit her zu kommen schien, bekam ich große Augen. Nach und nach erschien die Gestalt eines jungen Soldaten in dunkler Uniform. Er war kaum älter als siebzehn oder achtzehn Jahre. Er kauerte nahe der Wand auf dem Boden und schluchzte so sehr, daß sein ganzer Körper bebte. Jetzt konnte ich es ganz schwach hören. Er drehte den Kopf und sah mir genau in die Augen. Tränen liefen über sein Gesicht. Er griff sich an seine rechte Hüfte, und plötzlich konnte ich vor Schmerzen kaum noch atmen. Kevan hörte auf zu erzählen und sah mich an. „Was ist los, Johanna?" Seine beunruhigte Stimme war immer noch weit weg.

„Schau doch, Kevan!" sagte ich langsam.

Kevan folgte meinen Augen zu der Stelle im Gang, auf die ich starrte. „Von was sprichst du? Schauen wohin?"

„Siehst du ihn denn nicht, Kevan? Da ist ein junger Soldat. Er weint. Ich kann seine Schmerzen in meiner Hüfte fühlen. Kannst du ihn nicht sehen?"

„... äh, sieh mal, Johanna, ich glaube, es ist Zeit, daß wir gehen. Na los!" Kevan stand auf.

„Aber er weint. Er will mir etwas sagen."

„Es ist Zeit zu gehen, Johanna." Seine Stimme klang entschlossen. „Ich gehe jetzt. Kommst du mit?" Plötzlich hatte ich Angst. Ich erinnerte mich daran, daß der Professor zornig auf mich gewesen war, und wollte heute abend lieber nicht allein im Theater bleiben. Ich stand auf, um zu gehen, und schaute wieder zu dem jungen Soldaten. So schnell er gekommen war, verschwand er wieder, sein Gesicht drückte Bitterkeit, Groll und Schmerzen aus. Er hatte sprechen wollen, und ich hatte es vorgezogen zu gehen. Ich hatte den Moment verpaßt. Es war zu spät. „Ja ... ja, laß uns gehen!"

Am nächsten Abend traf ich Kevan hinter der Bühne. „Es dauert nur eine Minute, Jo", sagte er. „Ich muß nur die Treppe hinunter und abschließen. Kommst du mit?"

„Nein, geh nur. Ich warte hier auf dich." Ich hoffte, der junge Soldat würde zurückkehren. Kevan ging nach unten, während ich die Bühne betrat. Zur Bühnenausstattung gehörte ein altes Feldbett, auf das ich mich ausstreckte, um einen Moment auszuruhen. Ich fühlte mich so erschöpft. Ich hätte gestern Abend hierbleiben sollen, um mit ihm zu sprechen, sagte ich mir.

„Bist du noch da?" Schlagartig wurde es kalt im Saal. Mein Blick wanderte von den Sitzreihen nach oben zum Lichtraum. Dort stand eine pechschwarze Gestalt. Ich wirbelte auf dem Feldbett herum. Kevans Schritte zeigten an, daß er von unterhalb der Bühne hochgelaufen kam. Die Gestalt löste sich langsam auf und verschwand.

„Kevan! Ich glaube, ich habe jemanden im Lichtraum gesehen." Ich bemühte mich, meine Stimme ruhig klingen zu lassen.

Er sah mich merkwürdig an, ging aber hinauf und schaute nach. Er winkte mir zu und rief hinunter: „Niemand da." Eine Minute später war er zurück. „Bist du okay? Du hast dich gestern schon ganz sonderbar aufgeführt. Bist du krank?"

„Nein, nein. Mir geht's gut. Laß uns Kaffee trinken gehen!" antwortete ich. Mir war kalt, und ich hatte Angst. Die Gestalt hatte einen feindseligen, bedrohlichen Eindruck gemacht.

Dennoch kehrte ich auch am folgenden Abend wieder ins Theater zurück, entschlossen, mich nicht wieder abschrecken zu lassen. Wie gewohnt, wartete ich vorn in Zuschauerraum auf Kevan.

Es war verdächtig still im Theater. „Ich habe nicht vor, mich von Ihnen besiegen zu lassen", sagte ich leise, als ich die Bühne betrat. „Das ist jetzt genauso mein Theater wie Ihres, Professor. Ich weiß nicht, ob Sie es sind, der mir Angst zu machen versucht, oder ob sonst noch jemand hereingekommen ist, aber das ist egal. Ich gehöre auch hierher!“ Durchdringender, bösartiger Haß griff mich an und sog mir fast die Luft aus den Lungen. Dann ein Rascheln über mir: eine düstere, vermummte Gestalt – ein scheußliches, verzerrtes, leichenblaß aufleuchtendes Gesicht auf dem Boden des Gitters über mir; enorm große Augen funkelten in leuchtendem Grün wie die eines tollwütigen Tieres. Dunkel hingen Arme herunter und griffen nach mir.

Nach Luft ringend, wich ich langsam zur Wand zurück. Mein Mund war zu einem Schrei geöffnet, der einfach nicht kommen wollte.

„Johanna! Was ist los?“

Kevan stand vor mir. Der Druck ließ nach, Luft schoß wieder in meine Lungen.

„Mein Gott, Kevan, da oben ist jemand auf dem Gitter. Ich habe ihn gesehen.“

„Da oben ist niemand, Jo“, sagte er mit deutlich verärgerter Stimme. Dann hörten wir zwei Schritte auf dem eisernen Gang über uns.

„Du hast recht! Da oben ist jemand!“ Er eilte die Leiter hinauf auf den schwach beleuchteten Gang über der Bühne. Ich konnte das Geräusch seiner Schritte hören, als er die ganze Gegend absuchte. Dann war er zurück – weiß im Gesicht.

„Laß uns hier verschwinden!“ Er griff nach meinem Arm und zog mich hinaus an die frische Luft.

Beck grinste, als er uns sah. „Hey, welch ein Zufall!“ rief er und kam über die Straße. „Ich hatte gehofft, euch hier zu finden.“

„Hör zu, Beck, da drinnen passieren verrückte Sachen. Jo ist ganz fertig. Kannst du sie nicht auf einen Kaffee mitnehmen? Ich muß erst noch abschließen.“

„Natürlich“, sagte Beck und nahm meinen Arm. „Geht’s dir gut?“ wollte er freundlich wissen.

„Ja – ja, jetzt geht's mir wieder gut, Beck. Danke."

„Ich bringe sie nach Hause, Kevan", sagte er leise.

„Äh ... ja, gut. Ich muß sowieso noch lernen. Gute Nacht, Jo!"

„Gute Nacht."

Beck nahm mich bei der Hand und führte mich über die Straße. Ein Auto hielt an, um uns vorbeizulassen. Ich blickte flüchtig auf, als wir weitergingen und erstarrte. Das Gesicht in dem Wagen verwandelte sich in dasjenige, das ich gerade im Theater gesehen hatte. Ich wußte, daß es nicht sein konnte. Als der Wagen wieder angefahren war, war es schließlich aus mit meinen Nerven. Ich fing hemmungslos an zu heulen. Lange Zeit hielt Beck mich fest, als ich schluchzte – verstört, hilflos und gebrochenen Herzens. Der Professor haßte mich. Ich gehörte nicht mehr hierher.

Der liebe, freundliche Beck! Er schien mit einer Art übermenschlicher Geduld ausgestattet zu sein. Gerade als ich am meisten verlassen und angreifbar war, stand er bereit und half mir, bei Verstand zu bleiben. Er hatte recht gehabt: Jetzt brauchte ich ihn wirklich sehr.

Meine Zimmergenossin Paula war an diesem Tag ausgezogen und hatte mir in einem drei Schreibmaschinenseiten langen Brief noch hinterlassen, wie unglaublich krankhaft, taktlos, theatralisch und absonderlich ich sei. („Ich hätte dich öfter einmal mitgenommen, hätte ich nicht immer hinterher deinetwegen Erklärungen abgeben müssen.")

Ich bin sicher, sie hatte recht.

Außer zum Unterricht ging ich nie wieder in dieses Theater. Dem Professor brachte ich nie wieder irgend etwas Grünes und Lebendiges.

Einige Wochen nach diesen letzten Ereignissen im Theater traf sich eine Anzahl von uns eines Abends im Zimmer von Jack und Adam, um sich bei viel Musik zu unterhalten. Beck und ich waren auf irgendeiner Droge – einer von der nicht-halluzinogenen Sorte. Es war der zweite von meinen insgesamt vier Trips. Ich fühlte mich ruhig und heiter, als ich mich an seine Schulter lehnte und auf die Musik lauschte. Man hatte uns für heute abend etwas Besonderes versprochen, ein neues Rockmusical über das Leben Jesu mit dem Titel „Jesus Christ Superstar". Rockmusik gehörte nicht gerade zu meinen Favoriten, aber die Songs gefielen mir, obwohl mir klar war, daß das Bild des Komponisten von einem Jesus mit hoher, wimmernder Stimme wohl nicht der Wahrheit entsprach. Dennoch – als die Droge zu wirken begann, schien ich plötzlich dort zu sein, als aktiver Teilnehmer am Drama seines Lebens. Damals, als er verraten wurde. Dort, wo man ihn verspottete und wo er mit einer Peitsche geschlagen wurde, die sich mit jedem Hieb in mein eigenes Fleisch einzuschneiden schien. Und schließlich: dort, wo seine Hände und Füße ans Kreuz genagelt wurden. Zum ersten Mal in meinem Leben wurde es mir völlig und auf überwältigende Weise klar, daß Jesus wirklich gelebt und den Tod am Kreuz erlitten hatte.

Als ich eine Woche am Wesleyan-College gewesen war, hatte mir ein Mädchen namens Nancy ein kleines Heftchen mit dem Titel „Die vier geistlichen Gesetze" gegeben. Ich hatte es gelesen und anschließend Jesus gebeten, in mein Leben zu kommen. Danach schien es für ein paar Monate aufwärts zu gehen.

Ich trug meine Bibel immer bei mir und las besonders häufig in den Psalmen, um meinen Geist zu beruhigen, wenn ich mich vom Bösen umgeben fühlte. Allerdings fand ich schnell heraus, daß auf das Lesen im Neuen Testament immer eine besonders gewalttätige und erschreckende Attacke der Wesen um mich herum folgte. Ich begann daher, es zu meiden. Meine Liebe zu Gott hielt mich davon ab, die mir zu Verfügung stehenden, übersinnlichen Kräfte zu entwickeln. Tief in mir warnte dann nämlich eine Stimme: „Nein! Tu das nicht. Es würde Gott verletzen."

Als die letzten Klänge von „Superstar" verhallten, öffnete ich die Augen. Ich war allein. Alle anderen waren gegangen. Beck traf ich unten in der Halle. Er hatte es nicht ertragen können, vom Leiden Jesu zu hören. Wir entschlossen uns beide, mehr über diesen Mann herauszufinden.

Wir fingen an, zur Kirche zu gehen. Ein paar Monate später hatten wir eine Begegnung mit Gott.

Wir waren auf etwas gewesen, was sich unabsichtlich zu einer nächtlichen Theatertruppenparty entwickelt hatte. Die Musik war sanft, die Unterhaltungen waren tiefschürfend, und niemand wollte so recht nach Hause gehen. Meskalin, Pot und Hasch wurden frei herumgereicht. Vor Sonnenaufgang baten Beck und ich einen Freund, uns in die Stadt zu fahren, damit wir den Frühgottesdienst besuchen konnten. Die Frage rief allerseits Ächzen, Stöhnen und ungläubiges Erstaunen hervor. Trotzdem wurde unser Wunsch erfüllt, und wir waren rechtzeitig da. Wir saßen in der schwach beleuchteten, bis auf fünf oder sechs Frauen leeren Kapelle und warteten auf die tröstenden, labenden Worte aus dem anglikanischen Gebetsbuch.

Ohne Vorwarnung begann mein Herz zu pochen, meine Augen füllten sich mit Tränen. Mir war plötzlich, als hätte das strenge und furchtbare Auge Gottes eine Wolke durchbrochen, als würde es mich nun anschauen – liebend und ernst zugleich. „Warum tust du dir das an? Weißt du nicht, welchen Schaden du deinem Geist und deinem Körper mit diesen Drogen zufügst?" Der Gedanke schien von dem schlichten Bronzekreuz am Altar auszugehen. „Weißt du denn nicht, daß ich dich liebe?" Ich verbarg mein Gesicht in den Händen und weinte leise.

Als wir später die graue, stille Straße entlanggingen, ergriff Beck meine Hand. „Gott möchte nicht, daß wir noch weiter Drogen nehmen, nicht wahr?“

Ich sah überrascht auf. „Du hast es auch gemerkt?“

Er nickte. „Das wird hart.“

Er hatte recht. Es *wurde* hart.

Obwohl ich immer noch zu den abendlichen Versammlungen der „Thespisjünger“ ging, rührte ich nie wieder Drogen an. Oberflächlich gesehen, änderte sich mein Lebensstil auf dramatische Weise.

Ein Drogenfreund stahl ein Exemplar der Jerusalemer Bibel als Geschenk für uns. Wir fanden nie heraus, woher sie stammte. Beck und ich fingen an, uns stundenlang daraus vorzulesen. Noch häufiger las Beck sich selbst laut vor.

Bald aber ermutigte ich ihn, statt dessen in Tolkiens Ring-Trilogie zu lesen, wenn wir zusammen waren. Irgendwie konnte ich den Klang der Worte aus dem Neuen Testament nicht lange ertragen. Die Euphorie nach dem Hören des „Superstar“ war einer schwarzen Depression gewichen, aus der ich keinen Ausweg wußte.

Ich ging nicht mehr ins Theater, suchte aber immer noch den Friedhof und die kleine Kapelle auf. Nun verging kaum eine Nacht, in der mich nicht düstere Gestalten aufweckten, leise Worte in einer mir unverständlichen Sprache flüsterten, einen scharfen, widerlichen Atem ins Gesicht bliesen und mir ihre eisernen Finger auf Arme und Brustkorb drückten. Nachts, wenn ich spazierenging, verwandelten sich die Bäume in grausige, bizarre Gestalten, die mit böse schauenden, abwartenden Augen bedeckt waren.

Jedesmal, wenn ich die Straße überqueren wollte, begann mein Herz wild zu schlagen – aus Angst, die Dämonen könnten einen Fahrer dazu anstacheln, mich über den Haufen zu fahren.

Mein Inneres war erfüllt von Gedanken des Todes und heftiger Wut, und ich überzog mein Tagebuch mit Abschnitten aus „Medea“, „Die Bacchen“, „Die böse Saat“ und mit den quälenden Gedichten von Edgar Allan Poe.

Ungefähr ein halb dutzendmal habe ich mich auf den Weg zu einem der örtlichen Psychiater gemacht – und ebensooft bin ich auf halbem Wege in der Gewißheit umgekehrt, daß mir ja doch niemand helfen könnte. Im Grunde war mein Problem gar nicht psychologischer Art. Es lag an einer ganz anderen Stelle, und dennoch gab es niemanden, an den ich mich wenden konnte, um freizukommen. Niemand, außer Gott vielleicht, aber er schien so weit von mir entfernt zu sein. Mein Herz verlangte nach ihm, schrie nach ihm, aber mir stand etwas im Wege. Weinend fiel ich dann auf die Knie. „Mein Gott, mein Gott, warum hast du mich verlassen, bist fern von meiner Rettung, den Worten meines Gestöhns? Mein Gott, ich rufe bei Tage, und du antwortest nicht; und bei Nacht, und mir wird keine Ruhe“ (Psalm 22,2.3).

Dann, des Nachts, kamen die bösen Geister zurück, und nicht einmal mein verzweifeltes Murmeln des dreiundzwanzigsten Psalms ließ sie verschwinden. Warum war es mir nicht wie dem Psalmisten möglich, das Unheil nicht zu fürchten, wenn ich durch das Tal des Todesschattens ging? Warum lag in Gottes Stecken und Stab für mich kein Trost?

Und wieder lief ich zu dem liebenswerten Beck, der mich festhielt, bis mein Schluchzen aufhörte. Als er mich im Winter 1971 fragte, ob ich ihn heiraten wolle, sagte ich ja.

Mind Control

Lichterloh brannten die Holzscheite in dem gewaltigen Kamin, den Mutter vor langer Zeit „Alberts Torheit" genannt hatte. Am frühen Abend hatte ich neben den Hibiskusbüschen in unserem üppigen Garten gestanden und zugeschaut, wie sich die tiefgrauen Wolken über den Bergen sammelten. Es ging ein kühler und erfrischender Wind. Jetzt regnete es sanft auf das Tal von Cuernavaca, ein Vorgeschmack auf den beginnenden Sommerregen. Ich hatte es mir auf dem Sofa gemütlich gemacht, starrte abwesend ins Feuer und beobachtete die züngelnden Flammen. Im Hintergrund war leise ein Konzert von Brahms zu hören, und Salomo, meine kleine siamesische Katze, schnurrte in meinem Schoß zufrieden vor sich hin.

Mutter saß in ihrem blauen Lehnstuhl, las in einem Roman von Agatha Christie und rauchte eine der immer greifbaren Zigaretten. Von Zeit zu Zeit spürte ich ihren ernsten, besorgten, aber liebenden Blick. Seit langem war ihr klar, daß ich Hilfe brauchte. „Psychiatriefall" war die Kategorie, von der ich wußte, daß sie für mich in Betracht gezogen wurde. Ich konnte es ihr nicht verübeln. Es kam mir wieder in den Sinn, wie ich kürzlich geweint und in rasender Wut mit den Fäusten gegen eine Wand gehämmert hatte.

Die letzten Tage in Chapel Hill waren ein Desaster gewesen. Mama und Papa waren gekommen, um bei der Abschlußfeier dabeizusein – was ich damals tief bedauerte. Vater hatte Beck gegenüber sofort eine ablehnende

Haltung eingenommen, der er mit seinen zahllosen, beißend ironischen Äußerungen Ausdruck verlieh. Zweifellos wäre jedem, den man ihm als zukünftigen Schwiegersohn präsentierte, die gleiche Behandlung widerfahren. Ich war Papas Kleine, seine Erstgeborene. Für mich konnte niemand gut genug sein, schon gar nicht ein, wenn auch sympathischer, freundlicher junger Lichttechniker, der mit einer Amateurtheatertruppe durchs Land zog und mit langem Haar und einem Bart protzte. Das schrie doch geradezu nach „Hippie“! Meine Eltern begriffen nicht, daß Beck mir zumindest den Verstand gerettet hatte, wenn nicht das Leben. Beck hatte sich so sehr um mich bemüht, daß er mir über einen der schwersten Zeitabschnitte meines Lebens hinweghelfen konnte. Sogar Damon war unfähig oder – verständlicherweise – nicht willens, in dem Irrgarten, in dem ich mich befand, mit mir auszuharren. Beck hatte nicht um Erklärungen gebeten, die ich nicht geben konnte, oder Veränderungen verlangt, die herbeizuführen ich außerstande war. Deswegen liebte ich ihn. Aber ein paar Wochen nach meiner Rückkehr nach Mexiko wurde mir klar, daß eine Ehe nicht von Dauer sein würde. Ich brach unsere Beziehungen ab.

Unfairerweise schob Papa Beck auch noch die Schuld an meinen Verwicklungen in Drogengeschichten in die Schuhe.

Kai hatte kein Recht, ihnen das zu sagen! dachte ich. Kai war Professor für Schauspielkunst in Chapel Hill. Er hatte Mutter bei den Vorbereitungen zur Abschlußfeier kennengelernt. „Soweit ich die Lage überschauen kann, haben in diesem Jahrgang nur drei Leute wirklich Talent“, hatte er mir einmal gesagt. „Damon, Malcolm und du.“ Ich wußte das zu schätzen. Besonders seit ich Dr. Bryce verlassen hatte, habe ich nur selten Ermutigendes gehört, und ich wußte, daß meine Arbeit im Theater von wenigen, kostbaren Ausnahmen abgesehen, erbärmlich war. Irgendwie hatte Kai herausgefunden, daß ich gelegentlich an den Pot-Parties am Theater teilnahm, und fühlte sich verpflichtet, Mutter davon in Kenntnis zu setzen, als er sie im Juni vor der Abschlußfeier sah. Vom Verstand her akzeptierte ich seine Motive, aber vom Gefühl her kam ich mir betrogen vor. Nun, schließlich konnte Kai nicht wissen, daß ich schon im April wieder damit aufgehört hatte. Wenn Mama und Papa das nur glauben würden! Ich war so gereizt, deprimiert und launisch gewesen, daß sie beide überzeugt waren, ich sei auf irgend etwas abgefahren. Ich seufzte. Sie würden es wohl nie verstehen. Wenn ich es wenigstens selbst verstehen würde. Ein beständiger, düsterer Druck lastete auf mir. Würde ich je davon freikommen?

Das Kätzchen erhob sich aus meinem Schoß. Ich strich ihm zärtlich über den Kopf.

„He, Johanna! Hör dir das an!“ rief Vater mir von seinem Zimmer aus zu, in dem er die Zeitung las. „Ich zitiere: ‚Die Mind-Control-Methode. In achtundvierzig Stunden können Sie sich selbst dazu bringen, alles zu tun, was Sie wünschen. Sie können lernen, Depressionen und Schlaflosigkeit zu überwinden, negatives Denken zu beseitigen und irrationale Ängste zu vermeiden.‘ Mit seiner tiefen Stimme betonte Vater diesen Punkt ganz besonders. ‚Sie können Nervosität lindern, übersinnliche Kräfte entfalten und sogar Frieden für Ihre Seele finden!‘ Scheint genau deine Kragenweite zu sein, mein Liebes.“

„Hört sich reichlich komisch an“, sagte ich und kam ins Zimmer. „Wahrscheinlich irgend so ein Haufen Scharlatane.“

„Höchstwahrscheinlich, aber wenigstens hättest du etwas zu tun.“ Da war etwas dran. Zu dieser Zeit gab es für eine „anständige“ junge amerikanische Frau in Cuernavaca nur wenig Abwechslung. „Heute abend findet eine

Einführung statt. Warum gehst du nicht mit Mutter hin und schaust dir das an?"

„Bei Regen am Dienstagabend?" erkundigte ich mich zaghaft, weil ich mir nicht sicher war, ob er es ernst meinte.

„Dann stell dir einfach vor, es sei Montagmorgen und nimm den Regenschirm mit!" gab er zurück. Wir gingen.

Auf der Veranstaltung bekräftigte und pries ein vertrauenswürdig aussehender Mittdreißiger namens Tom die Versprechungen aus der Anzeige, die Vater vorgelesen hatte.

„Sie werden tatsächlich viele wunderbare Dinge tun können, wenn Sie gelernt haben, ganz bewußt mit Ihren Alpha-Gehirnwellen umzugehen", sagte er. „Das ist der geistige Entwicklungszustand der großen Genies, der Künstler und Meister, der großen Hellseher. Ich kenne beispielsweise eine alte Frau in Mexiko-City, die erstaunliche Heilungen und Operationen vollführt, weil sie die Stufe sieben erreicht hat, das heißt, sie kontrolliert die Delta-Frequenz, auf der kosmisches Bewußtsein und Erleuchtung erreicht werden. Nun werden die meisten von uns hier wahrscheinlich nie eine so verblüffende Kontrollfähigkeit entwickeln wie diese Frau, Pachita, aber Sie werden trotzdem staunen, was Sie alles zu leisten in der Lage sein werden."

Tom ließ seinen Blick durch den Raum über die ungefähr fünfzehn versammelten Menschen schweifen und setzte ein breites Lächeln auf.

Dann erklärte er uns mit Hilfe von Zeichnungen ausführlich die wichtigste Gehirnfrequenz, die vom Elektroenzephalographen (EEG) registriert wird. (Der EEG ist ein sehr empfindliches und kompliziertes elektronisches Gerät, das Wissenschaftler zum Aufspüren von Gehirnströmen einsetzen.)

„Die höchste Frequenz wird Beta genannt und entspricht dem Zustand des gewöhnlichen Bewußtseins und der Funktionsweise auf der Stufe der fünf Sinne. Wenn Sie ein Buch lesen oder mit Ihrem Hund schimpfen, der nun schon zum vierten Mal Ihren Teppich in Mitleidenschaft gezogen hat, dann üben Sie eine Beta-Aktivität aus." Die Zuhörer kicherten über den Witz, und er rückte das Schaubild zurecht, das er mit seinem Zeigestock fast umgestoßen hätte.

„Der Alpha-Zustand", fuhr er fort, „ist nun eine niedrigere, stabilere Frequenz. Auf dieser Stufe laufen tiefe Entspannung, Meditation und körperliche Erholung ab.

Die Stufen Delta und Theta sind sogar noch niedrigere Frequenzen, die gewöhnlich im Zustand der Ohnmacht oder des Tiefschlafes aufgezeichnet werden.

Mind Control möchte nun Menschen helfen und sie dazu ausbilden, die Kontrolle über die stabileren Alpha-Gehirnwellen zu erlangen und zu überlegenen Menschen zu werden. Das Erleben von Phänomenen, die in normalem Zustand für die meisten von uns ungewöhnlich sind, wird Ihnen den letzten Beweis liefern, daß Sie wirklich Meister Ihrer Alphawellen sind. Ich garantiere jedem, der diesen Kurs absolviert, daß er genügende Beweise für die Phänomene im Verlauf des letzten Tages erhalten wird.

Eines lassen Sie mich aber klarstellen: Was wir hier machen, ist keine Hypnose. Sie werden zu keiner Zeit irgend jemand anderem die Kontrolle über sich selbst überlassen. Vielmehr werden Sie lernen, diese tiefen Geisteszustände ganz bewußt anzuzapfen, und zwar zu jedem gewünschten Zeitpunkt und Zweck, so lange, wie es für Sie oder die Menschheit nützlich ist."

Wenn ich richtig verstand, behauptete Tom, es gebe nichts, was ein unter Kontrolle gehaltener Geist nicht tun könne – von der Entwicklung einer genialen Leistungsfähigkeit und der Überwindung schlechter Angewohnheiten bis zur Heilung von Krankheiten und dem – das meinte er wörtlich – Versetzen von Bergen. Alles, was für die seelische und geistige Entwicklung des Menschen benötigt werde, sei dieses achtundvierzig Stunden dauernde Trainingsprogramm.

Tom beugte sich nach vorn und zog aus der Tischablage einen neuen Satz Schaubilder hervor. „Hat jeder so weit verstanden? Fein. Also machen wir weiter.

Das Trainingsprogramm von Mind Control läßt sich in vier grundlegende Abschnitte unterteilen. Im ersten wird kontrollierte Entspannung gelehrt.

Innerhalb von zwölf Stunden werden Sie lernen, wie Sie sich ganz bewußt entspannen und in einem Bewußtseinszustand arbeiten können, der Ihre Kreativität und Ihre Leistungsfähigkeit erhöht. Sie werden in der Lage sein, nach eigenem Willen einzuschlafen und aufzuwachen, Ihre Träume so zu kontrollieren und zu programmieren, daß sie Ihnen – ohne den üblichen Stress und Ärger – beim Lösen von Problemen behilflich sind. Und Sie werden Kopfschmerzen – ja, sogar Migräne! – beseitigen. Wie viele hier haben Migräne?“ Mehrere Leute hoben die Hand. „Das muß nicht mehr sein ... es sei denn, Sie möchten unbedingt!

Der zweite Abschnitt wird ‚Allgemeine Selbstvervollkommnung‘ genannt. Darin werden die Prinzipien der erweiterten Stufe der Wahrnehmung aus dem ersten Abschnitt auf spezielle Probleme angewandt. Beispielsweise werden Sie Techniken lernen, mit denen Sie schlechte Angewohnheiten – wie etwa Rauchen oder übermäßiges Essen – abstellen und Ihr Gedächtnis verbessern können. Sie werden lernen, körperliche Schmerzen und Blutungen Ihrem Willen zu unterwerfen. Außerdem wird Ihnen gezeigt werden, wie sie eine riesige Leinwand (ähnlich der in einem Kino) benutzen können, die Ihnen bei der Entwicklung der Vorstellungskraft und der Erweiterung Ihres Bewußtseins behilflich ist.“

Das war gewiß einen Versuch wert. Am folgenden Samstagmorgen lagen Mutter und ich Seite an Seite auf dem Fußboden eines geräumigen, schlichten Wohnzimmers und hörten einer selbstbewußt klingenden Stimme zu, die unser „Programm“ vorlas. Vom Tonband kam das monotone Ticken eines Metronoms, das für einen beruhigenden Hintergrund sorgte. Ich atmete tief ein und entspannte mich.

Ich gab mich diesen Sitzungen voller Freude hin und klammerte mich verzweifelt an alles, was Tom zu sagen hatte – gerade so, als würden mir diese Worte das Heil bringen. Ich war verzweifelt und unruhig von Chapel Hill nach Mexiko zurückgekehrt. Kein Fünkchen Hoffnung war in mir, nirgendwo ein Licht zu sehen, und es bestand keine Aussicht, jemals von den mich umgebenden Mächten freizukommen. Die Bibel und die frommen Bücher wie „Die Kraft des positiven Denkens“ und „Die Macht des Gebets“ hatten nur wenig geholfen. Hier bei Mind Control wurde mir nun tatsächlich die Chance für meine Errettung geboten. Es war also möglich, Kontrolle über die unbekannten Mächte zu bekommen, sie zu beeinflussen und zu besiegen. Und dafür dankte ich Gott. Ich ließ mich von den Sätzen, die Tom während jener Sitzung sprach, reinwaschen – „Es geht mir jeden Tag in jeder Beziehung besser ... Ich übe völlige Gewalt über meine Sinne und Fähigkeiten aus, ob sie auf dieser oder einer anderen Bewußtseinsstufe sind, die außersinnlichen Stufen eingeschlossen ... Ich habe alles unter Kontrolle.“ Worte der Freiheit und der Hoffnung.

Am dritten Tag fingen wir an zu lernen, wie wir mit Hilfe unserer Vorstellungskraft unsere Intuition und unsere subjektive Kommunikation entwickeln konnten – unscharfe Begriffe, mit denen außersinnliche Wahrnehmungen beschrieben wurden (Tom nannte sie nicht ASW, sondern „Wirksame Sinnes-Projektion“). Wir lernten, unseren Geist in verschiedene Metalle zu versetzen und die unterschiedlichen Strukturen und Qualitäten von Messing, Blei und Eisen zu erkunden. Im Geist wanderten wir durch ein Blatt, dann – vorsichtig, sehr vorsichtig – durch ein kleines Tier. Es waren schon kleine Hausvögel nach unvorsichtigem übersinnlichem Umgang plötzlich tot aufgefunden worden. „In diesem Stadium mögen einige von Ihnen das alles für Einbildung halten", stimmte Tom zu, als einige der Teilnehmer diesen Abschnitt des Programms in Frage stellten, „aber in einer anderen Dimension passieren sehr reale Dinge. Vertrauen Sie mir. Am letzten Tag wird Ihnen das alles bewiesen werden. In der Zwischenzeit lassen Sie uns weitermachen. Sie müssen sich erst noch Ihr Labor schaffen, bevor wir für heute fertig sind."

Dieses Labor war ein Raum nach unserer eigenen Wahl, den wir in unserem Geist hervorrufen sollten. Er sollte unser Hafen und unsere Zuflucht sein – der Ort, an dem Probleme gelöst werden konnten. Den äußeren Rahmen konnten wir nach unserem Geschmack wählen: Einige wählten ländlich-französisch, andere früh-amerikanisch. Mein Raum war eine Höhle. Die Wände waren aus Amethyst und Smaragd und schimmerten von innen heraus in goldenem Licht. Der angenehme Duft von Rosen und Jasmin durchflutete den Raum. Dann gab es noch einen riesigen, königsblauen Armsessel, den ich vor einen immer brennenden Kamin plazierte. Wir wurden angewiesen, zwei Aktenschränke in das Zimmer zu stellen: einen für männliche Probleme, einen für weibliche. Meine Schränke waren aus demselben Material wie die Wände und vom Sessel aus leicht zugänglich. Neben sie stellte ich einen elegant geschnitzten Ständer aus kostbarem Holz, auf dem sich eine Alabastervase befand. Sie war gefüllt mit einer goldenen Salbe, mit deren Hilfe ich jede Wunde und jedes Gebrechen heilen konnte, die mir in der Zukunft begegnen würden. Andere schufen zahlreiche Werkzeuge, Instrumente, Chemikalien, Medikamente und Ausrüstungsgegenstände, von denen sie meinten, daß sie sie brauchen könnten. Ich setzte auf zurückhaltende Schönheit. Rechts vom Sessel, an der entfernten Seitenwand, richteten wir uns alle ein besonderes Abteil ein, das zur Erlangung unterschiedlicher psychischer Ebenen dienen sollte. Es hatte eine Spezialtür, die sich vom Dach auf den Fußboden senken ließ.

Mit den fertigen Laboren waren wir nun bereit, unsere Ratgeber in Empfang zu nehmen. Es wurde uns gesagt, wir könnten irgend jemanden wählen – von Buddha bis Grandma Moses –, sollten aber nicht überrascht sein, wenn tatsächlich jemand anderes erscheinen würde. Häufig kämen nicht diejenigen, die erwartet würden. (Von einem Rabbi aus dem letzten Kurs wurde berichtet, er habe um Moses und Rebekka gebeten, sei aber bei einer Bauchtänzerin und irgendeinem Pharao gelandet.)

Für mich gab es keine Frage, wen ich mir als Berater wünschte. Ich konnte mir keine höhere Quelle der Weisheit vorstellen als Jesus. Ich fragte mich, ob das wohl eine vermessene Bitte war, erinnerte mich aber, daß Jesus in der Bibel sagt: „Siehe, ich stehe in der Tür und klopfe an; wenn jemand meine Stimme hört und die Tür öffnet, zu dem werde ich hineingehen ...“ (Offenbarung 3,20).

Auf Grund dieses Verses, meinte ich, würde er wohl nichts dagegen haben. Als uns dann gesagt wurde, ein weiblicher Ratgeber sei notwendig, entschied ich mich für Sarah Bernhardt. Nachdem ich schon vor langer Zeit zu dem deprimierenden Schluß gekommen war, doch nicht die wiederverkörperte Sarah zu sein, stellte ich es mir ganz nett vor, sie bei mir aufzunehmen. Womöglich hätte sie sogar ein paar brauchbare Tips parat, falls ich mich entscheiden sollte, wieder zurück zum Theater zu gehen.

Tom zählte rückwärts, bis wir unsere Alpha-Stufe erreicht und unser vollständig eingerichtetes Laboratorium betreten hatten. Jeder von uns setzte sich in seinen Sessel und ließ die Spezialtür des besonderen Abteils mit Hilfe eines Kontrollknopfes, der auf der Armlehne angebracht war, langsam herunter. Auf diese Weise wurden nach und nach unsere Ratgeber enthüllt.

Als meine Tür herunterkam, wurde der Raum von einem strahlenden Licht erfüllt, das von der Gestalt hinter ihr ausging. Ganz langsam – Zentimeter für Zentimeter – erschien die Gestalt. Glänzendes, braunes Haar, in der Mitte geteilt, eine hohe Stirn, dunkle Haut, braune, tiefgründige und gütige Augen: Das mußte Jesus sein! Die Tür glitt nun völlig herunter und offenbarte den letzten Teil der Gestalt, die mit einem langen, weißen Leinengewand bekleidet war. Er leuchtete mit heiligem Glanz und lächelte herzlich. Ich stand auf, dann fiel ich ihm zu Füßen.

Danach wies Toms Stimme uns an, unseren weiblichen Ratgeber herunterzubringen. Ich schaute auf. Wiederum bewegte sich die Tür langsam nach unten. Dieses Mal enthüllte sie eine sehr betagte Sarah mit krausem, rotem Haar, Holzbein und so weiter. Ich konnte es kaum glauben, daß sie mir beide die Gnade erwiesen hatten, in mein Labor zu kommen.

An diesem Abend lag ich im Bett und mußte an all die wundersamen Dinge denken, die sich während des Tages ereignet hatten. Oder hatte ich mir das alles nur eingebildet? Vielleicht waren der Herr und Sarah in Wirklichkeit gar nicht meine Ratgeber. Ich mußte mich daher wieder in mein Psycholabor begeben und sie noch einmal rufen. Gewiß, Tom hatte uns gewarnt, das zu tun, aber ich mußte wissen, ob es die richtigen für mich waren. Es war einfach zu wichtig.

Langsam streckte ich mich aus, kuschelte mich in mein Kissen und zählte bis auf Alpha herunter. Als ich erst einmal in meinem Labor war, setzte ich mich in den Sessel und blickte auf die Kristalle, die mit der Pracht des bunten Glases bei Tiffany um die Wette strahlten. Es war wirklich schön hier. Ich drehte den Sessel, um die Tür sehen zu können. „O Herr“, betete ich, „bitte enthülle mir die Ratgeber, die ich wirklich haben soll.“ Die Tür kam herunter – dahinter der gleiche Glanz – aber irgend etwas stimmte nicht ... Das Haar war wild und verfilzt, die Stirn mit einem rauhen Fell bedeckt, die Augen waren schlitzförmig, funkelnd und wild – wie diejenigen, die ich im Theater der Playmakers gesehen hatte. Frisches Blut verschmierte das Maul und troff von langen Fangzähnen herunter; die Tröpfchen besudelten das Vorderteil des Gewandes. Dennoch sah der Rest der Gestalt exakt so aus wie zuvor. Sie leuchtete und war mit einem langen Leinengewand bekleidet. Die Gestalt stand da und knurrte und fauchte leise, in dem sie mich gleichzeitig beobachtete. Mein Körper erstarrte vor Kälte im Bett.

„O Gott, laß mich heraus, laß mich heraus!“ schrie ich, war aber nicht imstande, von dieser Stufe wegzukommen. Minuten (Stunden?) erstickenden Grauens. Dann – durch die reine Willenskraft – zersprang etwas und ich fühlte, wie ich aus meinem Labor geschleudert wurde. Mein Körper schoß aufwärts. Mein ganzer Organismus war geschockt. Ich zitterte. Ich glaubte, derartige Heimsuchungen seien nun vorbei, aber hatte ich nicht auch die Anweisungen mißachtet? Ich selbst hatte mich in diese Lage manövriert. „Gott, vergib mir! Hilf mir!“ Ich schaltete das Licht an meinem Bett ein. Vielleicht würde man mir meine Unbesonnenheit nicht vorhalten. Am Morgen würde gewiß alles wieder in Ordnung sein.

Der vierte und letzte Tag unseres Trainings bei Mind Control trug das Etikett „Angewandte ASW“ und war schon lange vorher als der „Tag des letzten Beweises“ angekündigt worden. Heute sollten wir die Gewißheit bekommen, daß wir tatsächlich auf der Alpha-Stufe arbeiteten und echte übersinnliche Informationen erhielten.

Tom gab Papierbögen aus, auf denen der menschliche Körperbau erklärt wurde. „Heute ist der Tag, auf den wir alle gewartet haben", lächelte er uns an. „Wir fangen an, indem wir Ihnen bei der Errichtung von Hinweisstellen im menschlichen Körper behilflich sind, die Sie schließlich in die Lage versetzen werden, jede Abnormität innerhalb Ihres Organismus zu entdecken und zu korrigieren. In der Tat werden Sie gegen Ende des Tages ‚Fälle lösen', wie es der berühmte Hellseher Edgar Cayce getan hat. Allerdings mit dem Unterschied, daß Cayce auf den tieferen Stufen das Bewußtsein *verlor.* Sie hingegen werden in einem tiefen, aber *bewußten* Geisteszustand ähnliche Großtaten vollbringen und nicht wie er die Kontrolle verlieren. Auf geht's, machen Sie es sich auf dem Fußboden bequem und lassen Sie uns anfangen."

Während der ersten Sitzung an diesem Tag zählten wir uns selbst auf die Stufe herunter. Wir wurden aufgefordert, unsere Labore zu betreten und unsere Ratgeber zu begrüßen. Ich hatte Angst, als es nach unten ging, versuchte aber, mich zu entspannen, als das monotone Tikken des Metronoms einsetzte. Sicherlich würde bald alles ganz herrlich sein.

Im Labor standen zwei Gestalten mit dem Gesicht zur Wand und warteten auf mich. Als ich eintrat, drehten sie sich langsam zu mir um. Ich schnappte nach Luft. Sowohl Sarah als auch Jesus hatten das Gesicht eines Werwolfes. Sie standen einfach da, schauten mich an und knurrten leise. Jäh begriff ich, daß sie nicht vorhatten zu gehen – ich hatte mich von Angesicht zu Angesicht mit ihnen auseinanderzusetzen. Nach einem langen Augenblick suchte ich meinen ganzen Mut zusammen und näherte mich den beiden. Dabei veränderten sie sich. Das Gesicht Jesu blitzte auf – leuchtend und voller Liebe –, dann noch ein

Blitz, und wieder erschien der Werwolf. Das gleiche geschah mit Sarah – an und aus, an und aus. Ich zwang mich, auf die Gestalt Jesu zuzugehen, und sagte: „Herr, warum macht ihr das? Es ängstigt mich." Das Gesicht Jesu erschien, lächelnd und gütig.

„Fürchte dich nicht!" sagte er. „Wir wollen dir nur beibringen, daß nicht alles, was an der Oberfläche böse aussieht, auch von seinem Wesen her wirklich böse ist. Wenn du das wirklich verstanden hast, werden unsere Werwolf-Gesichter für immer verschwinden. Du wirst uns dann immer so sehen, wie wir tatsächlich sind."

Die Worte hallten in meinem Kopf wider, als ob sie laut gesprochen worden waren, ergaben aber für mich keinen Sinn. Dann stand es mir plötzlich klar vor Augen: Wie erschreckend diese Wesen auch aussahen, sie waren dennoch nicht böse. Ich nahm mir vor, ihnen ohne Rücksicht auf die äußere Erscheinung, in der sie mir gegenübertraten, zu vertrauen und sie zu akzeptieren. Scheinbar diente alles nur dazu, mich stark zu machen und mein geistiges Verständnis wachsen zu lassen.

Wieder erschienen die boshaften Fratzen und erwarteten meine Antwort auf ihre Offenbarung.

„Ich akzeptiere, was du mir gesagt hast. Ich will mich bemühen, meine Lektion schnell zu lernen, Herr." Mit diesen Worten nahte ich mich ihnen. Er beugte sich vor, um meinen Kuß auf seine bluttriefende Stirn entgegenzunehmen.

„Danke, Kleine!" kam eine freundliche Stimme.

Tom hatte uns schon ein paar Minuten zuvor hinaufgezählt, aber ich hatte ihn nicht gehört. Als ich schließlich meine Augen öffnete, stellte ich fest, daß alle um mich herumstanden und mich komisch anschauten.

Es dauerte mehrere Wochen, bis ich meine Angst vor den Wesen so unter Kontrolle hatte, daß mir das Verschwinden der Werwolf-Fratzen gewährt wurde.

Ungefähr einen Monat später machte ich den Kurs zum dritten Mal. Auch Kim war mit mir dabei. Da sie seit Jahren eine überzeugte Christin war, bat sie ebenfalls um Jesus als Ratgeber. Erst wollte sie den Kurs gar nicht mitmachen, tat es aber auf unser Drängen hin doch. Als es dann Zeit war, ihre Ratgeber in Empfang zu nehmen, sagte sie, das Gesicht Satans dränge sich ihr auf. Dann gab es einen lauten Knall, und eine mächtige Stimme rief: „Du sollst keine anderen Götter neben mir haben!“ Gleichzeitig verschwand die satanische Vision.

Kim war nun überzeugt, sie habe Satan gesehen, und Mind Control sei okkult und geistlich gefährlich. Durch die Erfahrung mit meinen eigenen Ratgebern war mir allerdings völlig klar, daß sie sich einfach nicht genügend um Verständnis dessen bemüht hatte, was vor sich gegangen war. Wovor hatte sie bloß solche Angst? Schließlich war ich meinem eigenen Entsetzen offen entgegengetreten. Das schien mir die einzige Möglichkeit zu sein, diese Situation anzupacken. Echter geistiger Fortschritt ist eben unmöglich, wenn man vor dem, was Angst bereitet, davonrennt. Man muß sich von Angesicht zu Angesicht damit befassen. Zu beschränkt, folgerte ich. Sie wird nie so recht geistig wachsen. Also schlug ich all ihre verzweifelten Warnungen in den Wind.

Genau wie Tom es vorhergesagt hatte, war der letzte Tag bei Mind Control ein riesiger Erfolg. Wir bekamen in der Tat jeden Beweis, den wir für die Wirksamkeit der Arbeit auf der Alpha-Stufe benötigten. Jeder von uns war gebeten worden, drei bis fünf Karten mit Name, Geschlecht, Alter und Anschrift uns bekannter Personen mitzubringen – möglichst solcher, die irgendeine ernste Krankheit oder mangelnde Fähigkeit hatten. Der Zustand der betreffenden Person sollte so umfassend wie möglich dargelegt und dann auf die Karte geschrieben werden, die Tom dann einsammelte, ohne daß jemand anders sie zu Gesicht bekam. Dann teilte er die Karten wieder aus, zwei oder drei für jeden. Wir schlossen uns zu Dreiergruppen zusammen – möglichst nicht mit engen Freunden – und machten uns auf die Suche nach einem abgeschiedenen Platz zum Arbeiten. Jeweils einer sollte der Hellseher sein, ein weiterer der Wegweiser, der den angehenden Hellseher bei seinen Erkundungen leiten sollte. Dazu war ein spezielles Wegweiser-Blatt erstellt worden. Der dritte sollte als Sekretär arbeiten und das, was der Hellseher sagte, als Dokumentation aufschreiben. Jeder sollte in jeder Funktion einige Fälle „lösen", dann sollten die Rollen getauscht werden.

Der Hellseher wurde angewiesen, sein Labor zu betreten, seine Ratgeber zu begrüßen und ein Begrüßungsgebet zu sprechen (das irgendwo zwischen „Hallo, fein, daß ihr da seid!" und dem Vaterunser liegen konnte). Dann half der Wegweiser, den Hellseher auf eine noch tiefere Bewußtseinsstufe herunterzuzählen, von der aus er sorgfältig und korrekt die Informationen weitergeben sollte. „Bei drei wird ein Leib aus Name, Alter, Anschrift und Geschlecht auf Ihrer Leinwand erscheinen – eins, zwei, drei (Fingerschnippen) – der Leib aus Name, Alter, Anschrift und Geschlecht ist jetzt auf Ihrer Leinwand. Nehmen Sie ihn wahr, fühlen Sie ihn, stellen Sie ihn sich vor, sehen Sie ihn, erkennen Sie, daß er da ist – seien Sie sich sicher, daß er da ist! Erforschen Sie den Körper mit Ihrem Verstand vom Kopf bis zu den Füßen – hoch und herunter, hoch und herunter – einmal pro Sekunde. Während sie den Körper auf diese Weise abtasten, lassen Sie bitte Ihren Verstand sich die drei auffälligsten Zonen aussuchen."

Diese Zonen mußten sogleich benannt werden, wenn der Hellseher sie wahrnahm. Er wurde ermuntert, alles zu sagen, was ihm in den Sinn kam. Die auffälligsten Zonen wurden dann verstärkt und den möglichen Verletzungen oder Funktionsstörungen gestattet, in den Geist des Hellsehers einzutreten. „Sprechen Sie während Ihrer Untersuchungen! Sagen Sie mir alles, was Sie sagen möchten! Sie werden die Empfindung haben, als würden Sie es wieder in Ordnung bringen. Das ist die richtige Empfindung. Teilen Sie mir alle Ihre Empfindungen mit, mögen Sie sie nun für richtig oder falsch halten." Lag der Hellseher richtig, so wurde er angewiesen, sich noch einmal seine eigenen Gefühle zu dem entsprechenden Punkt vorzustellen, damit er seine Treffsicherheit bei anderen Fällen erhöhen konnte.

Häufig kam die benötigte Information von den Ratgebern, gelegentlich sogar in medizinischen Begriffen, die der Hellseher nicht kannte. Öfters passierte es, daß auf der Karte nicht sämtliche Informationen widergegeben waren. Wenn der Hellseher dann etwas aufspürte und mit derjenigen Person diskutierte, von der die Karte stammte (die aber während der Untersuchung nicht im Raum anwesend sein durfte), gab es gewöhnlich überraschte Aufschreie mit dem Kommentar, genau diese Sache habe man ganz vergessen aufzuschreiben. Manchmal stellte sich erst später heraus, daß die auf der Karte beschriebene Person tatsächlich an einer Krankheit litt oder in einer Lage war, von der niemand wußte (z.B. Narben oder gebrochene Knochen).

Einige von uns dachten, die Ergebnisse unserer Deutungen seien lediglich besonders glückliche Treffer bei einem Ratespiel gewesen. Um diese Fehleinschätzung geradezurücken, wurden die Zweifler angewiesen, es einmal mit einer Deutung zu versuchen, ohne vorher auf die Alpha-Stufe gegangen zu sein. Sie versagten kläglich. Bei dem weiten Gebiet möglicher Leiden, Funktionsstörungen und Zustände des menschlichen Körpers kann es keine *erfolgreiche* Raterei geben. Wir bekamen unsere Informationen wirklich auf übersinnliche Weise. Hinter diesen Aktivitäten stand die Erkenntnis, daß aufgenommene Informationen auch übertragen werden können, und zwar unabhängig davon, ob die Person auf der Empfängerseite sich dessen bewußt ist oder nicht. Wenn das stimmte – und wir hatten den Beweis erlebt – dann konnten Krankheiten gestoppt und geheilt werden (manchmal mußte der Hellseher den Tumor „herausoperieren“ oder Nierensteine mit einem Hammer „zertrümmern“ oder schmerzende Stellen mit Heilsalbe „einreiben“). Die Probleme waren lösbar; man konnte das Unheil vorhersehen und ihm vorbeugen.

Um zu vermeiden, daß ein Haufen selbsternannter Ärzte auf die Gesellschaft losgelassen wurde, betonte Tom, daß wir „niemals Diagnosen stellen“ sollten. „Nur Menschen mit medizinischer Ausbildung ist es gestattet zu diagnostizieren und zu helfen. Wir führen psychische Untersuchungen durch und decken Abnormitäten und Funktionsstörungen auf psychischer Ebene auf.“ Zum Schluß jeder Deutung mußte der Wegweiser sagen: „Jedesmal, wenn Sie in diese Dimension mit dem ernsthaften Wunsch eintreten, der Menschheit zu helfen, helfen Sie auch sich selbst. Ihre Begabungen werden zunehmen, und Sie werden mit jedem Mal verläßlicher sein.“ So ist das eben. Wir hatten zum Wohl der Menschheit zu handeln. Ich glaube nicht, daß an diesem Tag jemand da war, den die nun in unserer Reichweite befindlichen Kräfte und Möglichkeiten nicht in Schrecken versetzt hatten. Die Grundlagen waren uns nun beigebracht worden. Der Rest war eine Sache der Übung.

Diesen Übungen widmete ich mich nun. Ich hielt mich während meiner wachen Stunden so lange wie möglich im Alpha-Bereich auf und programmierte meinen Schlaf so, daß ich mich an meine Träume erinnern und sie auslegen konnte. Ich deutete so viele Fälle wie möglich, entweder allein oder mit einer Freundin namens Joan, die meine zunehmende Treffsicherheit aufzeichnete. Wie andere Absolventen von Mind Control auch, nahm ich nicht nur körperliche Schwierigkeiten wahr, sondern auch geistige und seelische Probleme, über deren Vergangenheit und Zukunft ich häufig Informationen erhielt.

Ich begann auch, mich in Psychometrie zu üben. Dabei sucht man Informationen durch die Wahrnehmung der Schwingungen eines Gegenstandes zu gewinnen.

Am Abend des 15. Juli 1971 traf sich eine kleine Gruppe von uns bei den Jensens zum Essen. Wie viele Leute in Mexiko, waren die Jensens eifrige Sammler prähistorischer Gegenstände. Nach dem Abendessen zeigten sie uns ihre Schätze. Der Raum war mit allerlei Masken, Statuen und sonstigen Gegenständen aus der ganzen Welt vollgestopft, wenn auch hauptsächlich mit solchen aus Mexiko. Herr Jensen blieb vor einem Tisch stehen, auf dem ein Teil seiner Afrika-Sammlung zu sehen war. Nachdenklich nahm er ein Armband auf. Es war ein merkwürdiges Stück aus verflochtenen Metallen, die wie Bronze und Silber aussahen. Herr Jensen sagte weiter nichts dazu, gab es Tom und fragte ihn einfach nur, ob er in der Versenkung etwas darüber herausbekommen konnte. Wir nahmen auf der Veranda Platz, und Tom versetzte sich auf eine tiefe Ebene.

Während er sich konzentrierte, sah ich voller Schrekken die schattenhafte Gestalt eines Arabers in langem weißen Gewand genau hinter Toms rechter Schulter stehen. Gebannt starrte er auf das Armband. Ich hätte fast aufgeschrien, merkte dann aber, daß Tom nicht in Gefahr war. So verhielt ich mich ruhig und beobachtete die Szene. Die Gestalt zog sich in den Garten zurück und blieb schließlich an einem Baum gelehnt stehen. An der Wand zu Toms Rechten erschienen zwei Eingeborene, Mann und Frau, schlank, stattlich und glänzend, als wäre ihre Haut mit Öl eingerieben worden. Die Frau war mit kaum mehr als einem kunstvoll gefertigten Lendenschurz, einer Halskette und Ohrringen bekleidet. Das Armband, das Tom hielt, schmückte ihr linkes Handgelenk. Sie standen einfach mit erstauntem Blick da.

Einige Minuten vergingen. Tom kam wieder hoch und schüttelte den Kopf. Er hatte nichts über das Armband herausbekommen können. Danach erzählte ich ihnen von den mir erschienenen Wesen und bat um das Armband. Während ich mich herunterzählte, fühlte ich mich unversehens in ein fremdes Land versetzt. Ich stand am Rand eines Abgrunds. Die Gegend war steinig, ausgetrocknet und mit Büschen bewachsen. Weit unter mir erkannte ich einen reißenden, durch den Regen angeschwollenen Fluß. Auf der anderen Seite der Schlucht konnte ich den Araber erkennen, der hinter Tom gestanden hatte. Ein anderer Mann war bei ihm. Sie stritten sich heftig wegen zweier Kästchen, die mit Juwelen gefüllt waren.

Dann sah ich, wie der Araber den Mann die Klippen hinunterstieß. Ich konnte hören, wie er im Fallen schrie. Der Araber legte hastig die Gegenstände, die während des Handgemenges aus einem der Kästchen gepurzelt waren, wieder zurück. Einige Stücke, die hinter einen kleinen Strauch gefallen waren, ließ er versehentlich zurück. Das war alles, was ich erkennen konnte. Es schien alles in kürzester Zeit geschehen zu sein, dann war es vorbei. Ich öffnete die Augen und legte das Armband weg, weil ich es nicht mehr länger halten konnte. Herr Jensen hörte ganz aufgeregt zu, als ich der Gruppe erzählte, was ich gesehen hatte. Er konnte es zwar nicht bestätigen, aber jedenfalls hatte der Mann, der ihm das Armband verkauft hatte, es an einem Ort gefunden, der dem von mir beschriebenen sehr ähnlich war.

In der Zeit vom 13. – 16. Juli, als ich den Kursus bei Mind Control zum zweiten Mal besuchte, begannen die wunderbaren Visionen. Ich war eines Morgens in mein Labor gegangen und fühlte mich augenblicklich seltsam leicht, fast gewichtslos. Jesus, mein Ratgeber, war schon da und wartete auf mich. Von ihm angezogen, trieb ich auf ihn zu. Der intensive goldene Glanz, der von ihm ausging, machte fast blind, erfüllte den ganzen Raum und wurde von den kristallenen Wänden in Form von goldenen Strahlen zurückgeworfen. Jesus lächelte mir zu. Es war schon fast eine Woche her, seit ich die Werwolf-Gesichter zum letzten Mal gesehen hatte. Langsam überwand ich meine Angst.

Jesu rechte Hand war mit flüssigem Feuer gefüllt. Die Flammen flackerten und tanzten. Als ich dann vor ihm stand, goß er mir das Feuer über den Kopf. Es wuchs und überströmte meinen ganzen Körper, bis ich völlig davon verzehrt wurde. Obwohl es brannte, war es doch kalt, und ein eigenartiger Duft lag über dem Raum. Leise Stimmen umgaben mich mit herrlichen Klängen. Dann sah ich eine schöne Frau mit wehendem Haar und einem blau schimmernden, mit winzigen Sternen besetzten Kleid. Zuerst konnte ich sie nur schwach erkennen, wie sie in den durchsichtigen Kristallen erschien. Sie kam auf mich zu, ergriff meine Schulter und küßte mich zärtlich auf die Stirn. Dann drückte sie mir den Mittelfinger ihrer rechten Hand zwischen die Augenbrauen. „Willkommen, mein Kind!“ Anschließend drehte sie sich um und flutete zurück durch die Wand, aus der sie gekommen war. Niemals habe ich solche Freude, solches Licht, solchen Frieden und eine so unaussprechliche Verzückung empfunden. Endlich war ich auf dem richtigen Weg!

Am 22. Juli, als ich das Programm zum dritten Mal hintereinander absolvierte, stand Sarah, die in den fünfundzwanzig Tagen, die sie bei mir war, nicht ein einziges Wort gesagt hatte, auf und kündigte an, es sei Zeit für sie zu gehen. Sie sei so lange, wie sie es sich habe leisten können, bei mir gewesen und werde nun woanders gebraucht. Es sei an der Zeit, daß ich einen neuen Ratgeber bekäme. Mit diesen Worten drehte sie sich um und verließ das Zimmer.

Ein paar Sekunden später erschien eine kleine mexikanische Indianerfrau. Besonders ihre Augen fesselten mich. Alles andere schien sich um sie herum anzuordnen. Es waren durchdringende, bernsteinfarbene Augen, die Augen von jemandem mit zeitloser Weisheit, für den es nichts Überraschendes mehr gibt. Sie hatte ein scharf geschnittenes, faltiges, aber immer noch hübsches Gesicht. Das lange, graue Haar war geflochten und auf dem Rükken mit einer Schleife zusammengebunden. Sie trug ein schlichtes, knöchellanges blaues Baumwollkleid, eine Dienstmädchenschürze und einfache Sandalen. Trotz der aristokratischen Gesichtszüge war ihre ganze Erscheinung die einer Dienerin. Dieses Wort kam mir auch, als sie erschien: „Dienerin."

Ich schloß sofort, sie sei Pachita, aber als ich sie Tom beschrieb, schüttelte er den Kopf. Wen auch immer ich gesehen habe, es sei nicht Pachita gewesen. Er schlug vor, ich solle sie fragen, wer sie sei. Das tat ich auch.

„Magst du mir sagen, wer du bist? Ich habe dich für Pachita gehalten. Vergib mir." Ein schwaches Lächeln schlich sich in das Gesicht der Frau.

„Du hast mir keine Gelegenheit gegeben, dir zu erzählen, wer ich bin", sagte sie. „Du wirst mich Mamacita (kleine Mutter) nennen. Ich bin hier, um dich an deine kommende Aufgabe als Dienerin zu erinnern. Ich werde dich Demut lehren und dich zu wirklicher Weisheit führen."

„Es ehrt mich, daß du gekommen bist, Mamacita. Ich bin bereit, alles zu lernen, was du mir beibringen möchtest", antwortete ich, überwältigt von ihrer Gegenwart. Durch ihre Ankunft war mir klar geworden, daß es an der Zeit war, Pachita zu treffen.

Auch das Böse hat schöne Seiten

Die sechs Tage, die auf das schon zu Beginn beschriebene Treffen mit Pachita folgten, verbrachte ich mit tiefreichenden geistigen und geistlichen Vorbereitungen. Ich spürte, daß ich vor meinem Lebenswerk und vor der Vollendung meiner Suche nach Gott stand. Ich wußte, daß die Jahre der Angst nun endlich vorüber waren; meine geistigen Führer – Jesus und Mamacita – waren bei mir und lehrten mich, wie ich die niedrigeren Geistwesen überwinden konnte. Während der vielen Stunden, die ich in der Meditation verbrachte, überströmten mich jetzt Wellen des Lichts und des Friedens und verdrängten die Finsternis.

Am Morgen des siebenten Tages kehrte ich zu Pachita zurück. Pater Humberto und Peggie baten mich, mitkommen zu dürfen. Pater Humberto, ein katholischer Priester und Schauspieler, hatte sich bei einem Autounfall ein Bein gebrochen und verbrachte die Genesungszeit im Haus von Mind Control in Cuernavaca. Ich glaube nicht, daß er vorher schon einmal mit Pachita zusammengetroffen war. Er hoffte, Hermanito Cuauhtémoc (das heißt „Kleiner Bruder" und ist der Name des durch Pachita wirkenden Geistes) würde das Bein heilen, so daß er wieder zu seiner Arbeit an Leprakranken in eine Siedlung nahe Tepoztlan zurückkehren konnte.

Peggie, die ebenfalls im Haus von Mind Control lebte, war etwa fünf Wochen zuvor bei Pachita operiert worden. Hermanito hatte damit begonnen, die Löcher in ihrer kalkarmen Schädeldecke zu verschließen. Er hatte auch einen inoperablen Gehirntumor entfernt. Als sie zum Beweis ihre Haare beiseite schob, konnte ich die rote Narbe auf ihrem Hinterkopf deutlich erkennen.

Papa entschloß sich, an diesem Tag mit uns zu kommen. Er stand den Dingen, die er über Pachita gehört hatte, zutiefst skeptisch gegenüber, trug aber seine „Ich-bin-ganz-bestimmt-für-alles-offen-Miene“, so daß ich mich der Hoffnung hingab, er würde sie vielleicht akzeptieren.

Morgens gegen 11.30 Uhr kamen wir bei Pachita an. Der Hof war schon überfüllt mit Menschen, die Hermanito aufsuchen wollten. Viele waren vor dem Morgengrauen gekommen. Einige Frauen bereiteten die Menge auf Hermanitos Ankunft vor: zuerst sollten verheiratete Frauen und deren Kinder an die Reihe kommen, dann die Männer und zuletzt die unverheirateten Frauen. Zum Preis von jeweils zehn Pesos (damals etwa 3,– DM) wurden Eintrittskarten verkauft. Kleine Kinder und die Allerärmsten brauchten nichts zu bezahlen. Später erfuhr ich, daß diese Gebühr von Pachitas Assistenten ersonnen worden war. Damit wollten sie Pachita unterstützen, deren nachlassende Gesundheit es ihr nicht mehr erlaubte, in den Straßen Lotterielose und Kinkerlitzchen zu verkaufen. Sie selbst hat für die Heilungen niemals Geld verlangt.

Jeder in der Reihe wurde angewiesen, Hermanito zur geistigen Reinigung – die während der morgendlichen Sprechstunde für jeden vorgeschrieben war – ein frisches, rohes Ei zu geben. Ich hatte unsere Eier vergessen und eilte zusammen mit einigen anderen aus der Reihe auf den gegenüberliegenden Markt, um welche zu kaufen. Ich gab Papa, Peggie und Pater Humberto ihre Eier und stellte mich dann wieder an.

Als ich schließlich an der Reihe war, betrat ich das immer noch von „Ursula“ bewachte Wartezimmer und blieb vor dem Plastikvorhang bei einer Assistentin stehen, die den Menschenstrom zum Altarraum überwachte. Ich fühlte, wie mächtige Schwingungen von diesem Raum ausgingen, und wollte den Vorhang beiseiteschieben, um zu sehen, was dort vor sich ging. Schnell trat sie dazwischen.

„Nein!" flüsterte sie. „Laß ihn geschlossen, bis der Patient gegangen ist. Der Vorhang ist dazu da, Böses, das dieser Mensch möglicherweise mitgebracht hat, von dir fernzuhalten."

„Ich verstehe", murmelte ich entschuldigend.

„Ist das dein erster Besuch bei Hermanito?" Ihre Stimme wurde herzlicher. Ich nickte.

„Dann denke daran, daß du ihn nicht mit ‚Pachita' anredest. Du wirst zwar ihren Körper sehen, aber sie selbst ist nicht drin."

Ich nickte wiederum. Tom hatte mir das schon erklärt. Wenn der Geist anwesend war, mußte man für Pachita immer die männliche Anrede „Hermanito" gebrauchen.

Minuten später zog die Frau den Vorhang zur Seite, und ich trat ein.

Pachita stand in der Nähe des Altars. Sie trug ein kurzärmeliges Baumwollkleid und darüber ein schmutzig-gelbes, über den Schultern verknotetes Satingewand. Es war mit Diamanten verziert, die in geometrischen Mustern aufgeklebt waren. Pachita trug es immer dann, wenn Hermanito Sprechstunde hatte oder operierte. Ihre Augen waren leicht geschlossen – ein Zeichen, daß sie selbst bzw. ihr Geist nicht mehr da war. Trotzdem hatte es den Anschein, als könne sie noch deutlich sehen. Später sah ich einmal, wie sie geschickt eine Nadel einfädelte, obwohl sie von ihren Augen her gar nicht dazu hätte in der Lage sein können.

Es waren noch drei andere Assistenten im Raum – eine alte Mexikanerin, die rechts von Pachita stand und eine mit süßlich duftendem Balsam gefüllte Plastikflasche hielt; dann ein junger Yaqui-Indianer (wurde mir später als „Chalio“ vorgestellt), ein Techniker, der den Sekretär spielte und Anweisungen oder Medikamente aufschrieb. Die dritte Person stand am Ausgang, um die Leute hinauszugeleiten, wenn ihre Zeit mit Hermanito vorüber war.

Ich stand vor Hermanito, immer noch das Ei in der Hand haltend. Er legte beide Hände auf meine Schultern und gebot mit einer Stimme, die viel tiefer und ruppiger klang als Pachitas: „A trabajar, m' hijita!“ (an die Arbeit, meine kleine Tochter). Ein merkwürdiger Schock durchlief meinen Körper, als seine Hände mich berührten.

„Mit was soll ich anfangen, Hermanito?“ fragte ich, als er das Ei nahm und anfing, mir damit eifrig über den Kopf und die Schultern zu reiben. Dann warf er das Ei in Richtung des nahestehenden Eimers. Es zerbrach auf dem Fußboden. Hermanito deutete auf Memo, Pachitas ältesten Sohn, der auf dem Feldbett saß.

„Der Sohn meines Fleisches wird dir Anweisungen geben“ (er nannte Pachita immer „mi carne“, „mein Fleisch“). Hermanito streckte der neben ihm stehenden Frau seine gewölbte Hand entgegen. Die Frau goß von dem süßlich duftenden Balsam hinein, mit dem alle eingerieben wurden, die zu ihm kamen. Er verteilte es auf seine Handflächen, legte mir dann beide Hände fest auf den Kopf und murmelte etwas, das ich nicht verstehen konnte. Dann fuhr er mit seinen Händen von hinten und von vorn an meiner Kleidung herunter, als wolle er Fusseln entfernen. Wieder ergriff er meine Schultern, und seine blicklosen Augen starrten in die meinen. „A trabajar!“

Memo begleitete mich, als ich ging.

„Was hat Hermanito damit gemeint, Memo?“ fragte ich ihn. Memo sah mich komisch an.

„Hermanito hat dir mitgeteilt, daß du als Trance-Medium arbeiten wirst – daß du eines Tages genauso heilen wirst wie meine Mutter. Du mußt dich ab sofort darauf vorbereiten. Komm am nächsten Montag wieder. Hermanito wird dir selbst sagen, was du zu tun hast."

Auch Pater Humberto war gesagt worden, er solle am Montag wiederkommen. Hermanito hatte ihm versprochen, ihm ein Heilverfahren für Leprakranke zu beschreiben. Papa wurde allerdings kühl empfangen. Hermanito hatte ja so etwas wie einen Röntgenblick, mit dem er ohne irgendeinen Hinweis die Krankheit oder Schwäche der vor ihm stehenden Person exakt diagnostizieren konnte. Es war also eigentlich unverständlich, daß er Papa nach seinem Anliegen fragte. Zu dieser Zeit ging es Papa keineswegs gut, aber um Hermanito auf die Probe zu stellen, antwortete er: „Oh, nichts, mir geht's prima."

„Dieses Haus steht Ihnen bei Bedarf zur Verfügung", sagte Hermanito mit ausgesuchter Höflichkeit.

Einige Wochen später mußten Pater Humberto und ich in Pachitas Wohnzimmer stundenlang warten. Wir waren zur Mittagszeit bestellt worden. Jetzt war es sechs Uhr abends, und Pachita war immer noch nicht gekommen. Den ganzen Nachmittag über hatte der kleine Fernseher – das Geschenk eines dankbaren Amerikaners – irgend so eine höchst widerwärtige Seifenoper von sich gegeben. Pachitas Tochter wollte das in ihrem Schlafzimmer hören. Ich verbrachte die Zeit damit, die Ereignisse der letzten paar Wochen in meinem Tagebuch festzuhalten und Ursula mit Fleischstückchen zu füttern. Es wurde langsam dunkel, und dicke, graue Gewitterwolken zogen auf. „Auf dem Heimweg wird es ganz schön gießen", dachte ich verstimmt, als ich ins Wohnzimmer zurückging. Der Weg durch die Berge zwischen Mexiko-City und Cuernavaca war zu jeder Zeit tückisch, besonders natürlich bei Regen.

Wenig später kamen Memo und Pachita endlich an. Memo warf mir im Vorbeigehen einen finsteren Blick zu.

Er nickte kurz, sagte aber nichts. Pachita ging zum Abendessen in die Küche. Wie immer hatten sich Menschen versammelt, die Hermanito aufsuchen wollten. Ein ziemlich großes Mädchen war darunter, das einen bandagierten Hals hatte. Ihre Mutter erzählte mir, das Mädchen sei einem Fluch zum Opfer gefallen. Vor etwa einem Jahr sei sie sehr krank geworden, aber keiner der Ärzte, die sie konsultiert hätten, habe eine Diagnose stellen können. Durch einen Freund hatten sie schließlich zu Pachita gefunden. Vor einer Woche hatte Hermanito das Mädchen operiert, eine riesige Tarantel in ihrer Kehle dazu gebracht, sich zu verstofflichen, und diese anschließend entfernt. Das Tier sollte für eine bestimmte Zeitspanne in einer Schachtel aufbewahrt werden, war aber irgendwie entkommen. Nun war die Mutter in Sorge darüber, daß das Mädchen womöglich ein weiteres Mal von dem Fluch befreit werden mußte. Später erfuhr ich, daß es nicht notwendig war.

Nach dem Abendessen betrat Pachita den Altarraum. Uns wurde gesagt, Hermanito würde an diesem Abend lediglich *consultas* (Beratungen) abhalten. Operationen würden nicht stattfinden. Als Antwort folgte prompt der enttäuschte Ausruf einer Frau, die schon seit Stunden geduldig gewartet hatte.

„O bitte, Hermanito hat mir letzte Woche gesagt, daß er mich heute abend operieren würde. In vier Tagen soll ich im Krankenhaus wegen des Grauen Stars operiert werden – bitte lassen Sie doch Hermanito mich heute abend operieren!“

„Nun“, sagte Pachita und zuckte mit den Schultern, „das liegt ganz bei Hermanito. Wir werden ihn im Laufe der consultas fragen. Mal sehen, was er sagt.“

Pachita schleppte sich über den Hof und ging zusammen mit drei Mitarbeitern wieder in den Altarraum. Einer nach dem anderen stellten sich die Menschen an, die

Hermanito aufsuchen wollten. Ich wollte gerade selbst hineingehen, als Pachita herauskam. Sie gab Rita einen Klaps auf die Schulter. „Bereite dich vor. Hermanito wird heute doch noch operieren."

Ein paar Minuten später bat Amado, ein Mann, der seit elf Jahren bei Pachita lebte, Rita in den Altarraum. „Nur drei Leute dürfen als Zeugen bei der Operation dabeisein", kündigte er an. Alex, ihr Ehemann, war augenblicklich an ihrer Seite. Dann gingen Pater Humberto und ein Mann hinein, der schon einige Male dort gewesen war. Als sie an mir vorbeikam, sah Pachita mich an. „Du auch, kleine Tochter. Komm mit!"

Es fing an zu regnen. Das Wellblechdach über dem Altarraum verstärkte noch das Trommeln der aufschlagenden Tropfen. Wasser sickerte unter der Tür hindurch auf den rauhen Zementboden. Allem schien die Farbe zu fehlen; alles spiegelte nur das blasse Grau der über uns hängenden Gewitterwolken. Eine Kerze wurde angezündet und auf den Altar gestellt. Die nackte Glühbirne erlosch. Pachita streifte sich Hermanitos Satin-Gewand über und setzte sich auf den mit senkrechtem Rückenteil versehenen Stuhl vor den Altar. Dann ließ sie uns zum Beten um sie herumstellen. Die hagere Frau stand wieder neben Pachita und hielt die allgegenwärtige Flasche mit dem schützenden, heiligen Balsam. Sie goß Pachita etwas davon in die Hände und begann mit einem tiefklingenden Betgesang, den sie fast unhörbar vor sich hinbrummte, während Pachita sich Hände, Haare und die Vorderseite ihres Körpers einrieb. Pachita schloß die Augen, legte ihre Hände offen auf die ausgestreckten Beine und fing an, tief einzuatmen. Die Atmosphäre im Raum schien sich zu verdichten, und eine unsichtbare Macht kam auf Pachita herab. Jäh schüttelte ein wildes Zittern ihren Körper. Ihre rechte Hand hob sich mit einer heftigen Bewegung zum Gruß, und eine Stimme, die tiefer und kräftiger war als ihre eigene, verkündete: „*Estoy con ustedes, hermanos queridos*" (Ich bin bei euch, geliebte Brüder). Pachita hatte ihre leibliche Hülle verlassen, um für Hermanito Platz zu machen.

Hermanito stand auf und wies Rita an, sich auf den Stuhl zu setzen. Offensichtlich nervös, tat Rita wie befohlen.

„Betet weiter, meine Kleinen!" sagte Hermanito zu uns. „Wir werden nur mit Gottes Hilfe und nach seinem Willen in der Lage sein, das Auge dieser Frau zu heilen." Chalio stand hinter Rita, links neben Hermanito. Er hatte große Streifen von der Mullbinde abgeschnitten, die Alex gebracht hatte. Kleinere Stückchen kamen in eine Schüssel und wurden mit Alkohol übergossen – Hermanitos einziges Zugeständnis bezüglich Antiseptika. Alex hatte neben seiner Frau gestanden, aber nun drehte er sich weg, setzte sich auf das Feldbett und nahm den Kopf zwischen die Hände. In der Vergangenheit hatte er schon bei einer Reihe von Operationen geholfen, aber bei dieser wollte er lieber beten. Hermanito rief mich zu sich.

„Komm, kleine Tochter, du wirst mir helfen!" Er wies mich an, Rita einen dicken Verband unters Kinn zu halten.

„Rita", sagte er, „ich möchte, daß du jetzt ganz ruhig sitzen bleibst. Laß die Augen geöffnet und schau hoch zur Decke. Hast du mich verstanden, mein Kleines?"

„Wird es weh tun, Hermanito?" fragte sie mit zitternder Stimme.

„Nein, Kleines, du wirst gerade narkotisiert", versicherte Hermanito und strich ihr übers Haar. Er nahm die volle Flasche Alkohol, die ich hielt, öffnete sie und schüttete Rita die Flüssigkeit direkt ins Auge. Mir stockte der Atem. Ich erwartete einen Aufschrei, aber die Frau saß ganz ruhig da. Dann tupfte Hermanito ihr etwas von dem Balsam aufs Auge.

„Sehr gut, Kleines. Gib mir jetzt die Mullstreifen da!“ Ich reichte ihm die schmalen Baumwollstückchen, und er legte sie zu einem Quadrat, das in der Mitte Ritas Auge frei ließ. Inzwischen war er links hinter sie getreten. Ich selbst stellte mich direkt vor sie, so daß unsere Knie sich berührten. Dann bat Hermanito Amado um die Schere und das alte Messer, die auf dem Altar lagen. Amado rieb beides geschwind mit einem in den Balsam getauchten Stückchen Mull ab und gab ihm die Schere. Hermanito nahm sie, hob sie zum Gruß vor dem Altar hoch und begann mit einem Gebet in Nahuatl, der alten Aztekensprache. Seine ersten Worte waren noch zu hören; die weiteren erstarben zu einem Flüstern. Während er betete, sah ich, daß die Gegend um uns herum – besonders die um Ritas Kopf – viel heller war als der übrige Raum. Es war etwa so, als wäre ein schwacher Scheinwerfer auf uns gerichtet gewesen. Ich konnte ganz deutlich sehen. Bei jeder einzelnen der Hunderte von Operationen, bei denen ich in den folgenden Monaten assistierte, war ich Zeuge des gleichen Phänomens.

„Betet zu Gott, meine Kleinen!“ Hermanito stieß eine von den Scherenspitzen in Ritas Auge und fing an zu schneiden. Eine blasse, rötlich-weiße Flüssigkeit tröpfelte auf ein Stück von dem Mull, das ihr vom Gesicht in den Schoß gefallen war. Ich nahm es weg und ersetzte es, mein Gesicht nur Zentimeter von ihrem Auge entfernt.

„Hast du Schmerzen, Kleines?“ fragte er sie.

„Nein, Hermanito“, antwortete sie und schüttelte den Kopf.

„Laß deine Augen offen – offen!“ Er ließ sich von Amado das Messer geben, hob es zum Gruß und begann, eine Art dünnen, undurchsichtigen Schaum mitten aus ihrem Auge zu schälen. Der Schaum brach. Hermanito legte das eine Stück auf die Watte, die ich ihm entgegenhielt, und hob dann vorsichtig das zweite Stück ab. Wieder goß er Alkohol in das Auge und legte anschließend einen sauberen Wattebausch darauf.

„Wir sind fertig, lieber Bruder", sagte er zu Chalio. „Du kannst das Auge jetzt verbinden."

Als der Verband zu seiner Zufriedenheit angelegt worden war, beauftragte Hermanito zwei Männer, Rita in eine Decke zu hüllen und sie zum Ausruhen über den Hof ins Haus zu tragen.

„Sie soll sich für eine Stunde hinlegen – Kopf zurück. Dann gebt ihr von dem Tee aus den roten Kräutern zu trinken. Ihr findet ihn in der Küche." Alex wurde eingeschärft, er solle sie für drei Tage ruhighalten. Danach könne der Verband entfernt werden. Die ganze Prozedur hatte vielleicht fünfzehn Minuten gedauert. Chalio gab Hermanito einen großen, in Balsam getauchten Streifen Mull, damit er sich die Hände säubern konnte. Eine Woche später erfuhr ich, daß Ritas Operation im Krankenhaus abgesagt worden sei. Die Ärzte seien über das Verschwinden des Grauen Stars erstaunt gewesen.

Der Raum wurde nun dunkler. Ich nahm wieder den Regen wahr, der jetzt heftig auf das Blechdach schlug. Da, wo ich mich befand, stand das Wasser auf dem Fußboden zwei Zentimeter hoch.

Als Rita hinausgetragen wurde, setzte sich Hermanito auf den Stuhl – die Beine ausgestreckt, die Hände auf den Knien. Pater Humberto ging auf ihn zu. Ich sah, wie Hermanito ihm lächelnd die Hand tätschelte. Da ich mich in den hinteren Teil des Zimmers zurückgezogen hatte, konnte ich nicht verstehen, was gesprochen wurde. Pater Humberto erzählte mir später, Hermanito habe ihn aufgefordert, seine Mission unter den Leprakranken fortzusetzen. Dazu habe er ihm ein Rezept auf der Grundlage einer aus Vögeln hergestellten Mixtur gegeben, mit deren Hilfe man Lepra und bestimmte Erscheinungsformen des Krebses heilen könne. Der Pater drehte sich zu mir um und rief mich herbei. Hermanito nahm mich bei der Hand.

„Dieses Mädchen wird dir bei der Arbeit unter Leprakranken behilflich sein. Sie wird ab jetzt als Medium arbeiten. In drei Wochen wird ein Hermanito, den ich ihr geschickt habe und der jetzt schon in ihr wohnt, durch sie zu wirken beginnen." (Ich dachte sofort an Mamacita.) Hermanito wies uns dann noch an, der Pater und ich sollten uns drei Wochen lang entweder donnerstags oder montags treffen, und zwar entweder um 14 Uhr oder um 20 Uhr.

„Betet beide! Und du, meine kleine Tochter, schau mich jetzt bitte aufmerksam an! Du sollst dich auf einen Stuhl mit senkrechtem Rückenteil setzen, die Hände im Schoß, genauso wie du es heute morgen bei meinem Fleisch gesehen hast. Dann entspanne dich und atme tief ein. Zähle dich herunter, wie du es gelernt hast. Und dann mach diese Bewegung mit deinen Händen." An dieser Stelle zeigte er mir eine besondere, kreisförmige Handbewegung. „Anschließend lege deine Hände wieder in den Schoß und warte. Wenn Sie, Pater, erkennen, daß ihre Hände anfangen zu zittern und sich aus dem Schoß erheben, dann legen Sie Ihre eigenen Hände auf ihre und sagen: ‚Ich gebe dir das Licht des Herrn. Möge das Licht des Herrn mit dir sein.' Beten Sie beständig, damit nichts Böses über sie kommen kann. Möge der Herr mit euch gehen, meine Kleinen!"

Am folgenden Donnerstag traf ich mich mit Pater Humberto, wie es Hermanito angeordnet hatte.

„Allmächtiger Gott", betete ich, bevor wir anfingen, „du weißt, daß ich dich über alles liebe und dir dienen möchte. Hilf mir jetzt, ein Werkzeug deiner Hände zu werden. Ich gebe mich dir hin, o Herr. Leite uns jetzt bei unserer Arbeit. Hilf uns, was falsch und aus uns selbst ist, von dem zu unterscheiden, was von dir ist. Beschütze uns vor jedem bösen Wesen, das diese Arbeit, die du mir aufgetragen hast, behindern will. Dein vollkommener Wille möge geschehen, heiliger Gott!“ Ich atmete tief ein und entspannte mich.

Fast augenblicklich fühlte ich mich von einem goldenen Leuchten umgeben. Meine Hände kamen mir sehr, sehr leicht und vom übrigen Körper losgelöst vor und fingen an, sich zu erheben. Von weit her hörte ich die Stimme des Paters: „Ich gebe dir das Licht des Herrn. Möge das Licht des Herrn mit dir sein.“ Viele Menschen standen im Kreis um mich herum, schattenhafte, mir unbekannte Gestalten, die von dem sich ausweitenden goldenen Leuchten berührt wurden. Vor mir – massiver als die anderen – stand der Geist von Pachita; dahinter ragte Cuauhtémoc empor, dessen Gestalt beinahe mit der ihren verschmolz. Daneben stand Mamacita, meine indianische Ratgeberin. Dann sah ich meinen Ratgeber Jesus, durchsichtig, viel heller leuchtend als die übrigen. Auch mein Geist war da, und ich näherte mich Jesus mit ausgestreckten Händen. Wieder hatte er eine reinigende Flamme in der Hand. Er schüttete sie mir in die Hände. Sie brannte und war dennoch kalt. Ich wurde mit Freude und Frieden erfüllt. Es schien, als habe der Herr meine Gebete erhört und meine Hände seinen Zwecken geweiht.

In der zweiten Woche war das Empfinden während der Sitzung völlig anders. Ich sah zwei riesengroße, goldene Türen, die langsam aufgingen – und sich dann wieder schlossen, bevor ich hindurchgehen konnte. Auf der anderen Seite standen die Gestalten, die mich in der Woche zuvor schon umgeben hatten. Neben ihnen lag ein großes Buch geöffnet auf einem unsichtigen Pult. Ich erkannte, daß die Seiten dieses Buches alle Geheimnisse des Lebens enthielten. Plötzlich öffneten sich die Türen wieder und schlossen sich nicht. Ich ging hindurch und stand vor dem Buch. Eine hoch aufragende Gestalt – in seinem fließenden Gewand einem Engel ähnelnd – stand dahinter. Er gab es mir in die Hand, aber ich wußte, daß die Zeit für mich noch nicht reif war, darin zu lesen. Ich wußte, daß ich noch viel Leiden und viele Versuchungen zu erwarten und zu überwinden hatte, bevor ich würdig sein konnte, zu lesen und zu verstehen.

„O Gott“, betete mein Geist, „schenke mir den Mut, den Glauben und die Standhaftigkeit, deinem Willen zu gehorchen.“

Nach dieser Sitzung mit Pater Humberto fuhr ich so oft wie möglich nach Mexico-City, um bei Pachita sein zu können. Ich war angewiesen worden, mich an diesem Montag und Dienstag neben den Vorhang am Eingang zum Altarraum aufzustellen. Am Mittwoch sollte ich allerdings auf Toms Wunsch hin in das Haus von Mind Control kommen, statt bei Pachita zu bleiben. Hermanito hatte versprochen, einen 72 Jahre alten Mann zu operieren, der aus Los Angeles zu einem Besuch eingeflogen war.

Eine große Gruppe von Mind Control-Leuten hatte sich versammelt, um Zeuge des Ereignisses zu werden. Aber die Stunden zogen sich hin, und Pachita kam und kam nicht. Wir nahmen an, Hermanito habe vielleicht an diesem Abend bei ihr zu Hause operiert, so daß sie später kommen würde, aber um Mitternacht war immer noch keine Nachricht eingetroffen. Pachita hatte noch kein Telefon, und so entschlossen sich einige von uns, die vierzig Minuten zu ihrem Haus zu fahren und nachzuschauen, was passiert war. Bei unserer Ankunft brannte Licht, also klopften wir. Enrique, einer ihrer Söhne, öffnete das Tor.

„Ihr könnt sie leider nicht besuchen. Es sind schon alle zu Bett gegangen“, sagte er.

„Einen Moment. Ich bin noch auf!“ rief Pachita aus dem Wohnzimmer. „Es tut mir leid, daß ich nicht kommen konnte. Beamte der Regierung waren den ganzen

Tag über bei mir. Sie glauben wohl, ich würde ohne Lizenz einen medizinischen Beruf ausüben." Pachita lächelte. „Was wissen diese Dummköpfe schon! Jedenfalls haben wir genug Geld zusammenbekommen, um sie auszahlen zu können. Für ein Weilchen werden sie nicht wiederkommen." Sie winkte mir zu. „Komm, Kleines, hilf mir, meinen Kram zu packen. Ich komme mit."

Wir betraten den Altarraum. Sie reichte mir verschiedene Sachen, die ich für sie in einem großen, leeren Beutel verstauen mußte: Hermanitos Umhang, die Salbe, einige Nierenschalen, eine volle Flasche Alkohol und ein Glas mit zwei Rückenwirbeln darin.

„Die hat mir ein Freund aus dem Leichenschauhaus heute morgen besorgt. Gestern abend ist so ein armer Kerl überfahren worden." Dann reichte sie mir Hermanitos Messer, das ich ebenfalls in den Beutel legte. (Menschliche Teile wurden in den Operationen nicht immer verwendet. Sie waren nicht notwendiger als Narkose oder antiseptische Mittel.)

Als wir in das Haus von Mind Control zurückkehrten, wurden Herr Smith und seine Frau geweckt und aufgefordert, sich fertig zu machen. Pachita trank noch schnell eine Tasse Kaffee und ging dann hinein, um ihn zu untersuchen. Sie stach und stieß ihn in den Rücken und fragte, wo es wehtue. Anschließend nahm sie ein kleines Glas, das ich aus der Küche geholt hatte. Auf ihre Bitte hin zündete ich ein Streichholz an und hielt es vor die Öffnung des Glases. Es gab einen leisen Knall darin, als sie den Rand in Herrn Smiths Kreuz drückte. Die Haut begann sich zu wölben und nahm eine dunkelviolette Farbe an. Pachita nickte zufrieden.

„Legt ihn jetzt auf den Boden." Am Fuß des Bettes war schon eine große, durchsichtige Plastikfolie bereitgelegt worden. Herr Smith streckte sich mit dem Gesicht nach unten darauf aus. Eine große Kerze wurde angezündet und neben ihm auf den Schreibtisch gestellt. Viele der Leute von Mind Control, die schon tagsüber gewartet hatten, kamen jetzt wieder zusammen ins Zimmer, um zuzuschauen – ein seltenes Ereignis, denn normalerweise waren nur ein paar Zeugen erlaubt. Inzwischen – nachdem man eine Schere aufgetrieben hatte –, schnitt ich von einer neuen Rolle Mullstreifen ab. Einige davon kamen in die kleinen Nierenschalen und wurden mit Alkohol getränkt, andere wurden in den Balsam gelegt, der Rest blieb trocken. Pachita legte Hermanitos Gewand an, rieb sich Haare und Kleidung mit dem Balsam ein und setzte sich auf einen Stuhl, um auf Hermanito zu warten.

Nach ein paar Augenblicken fing sie an zu zittern und erhob die Hand zu dem schon bekannten Gruß. „Ich bin bei euch, meine Kleinen." Pachitas Augen waren leicht geschlossen. Hermanito kam auf mich zu.

„Komm, meine Tochter! Du wirst mir diesmal assistieren." Wir knieten neben Herrn Smith nieder, ich links von Hermanito.

„Es muß sich jemand neben diesen Mann setzen, um während der Operation mit ihm zu reden und für mich zu übersetzen. Halten Sie seine Hand – lassen Sie ihn reden – ich möchte nicht, daß er das Bewußtsein verliert." Eine der Frauen kniete sich neben dem Kopf von Herrn Smith hin und fing leise an, mit ihm zu sprechen. Hermanito befahl mir, Herrn Smiths Schlafanzugjacke hochzuschieben und seine Hose so weit herunterzuziehen, daß der untere Teil des Rückens freilag. Ich gab ihm ein Stück von dem alkoholgetränkten Mull, mit dem er dem alten Mann kräftig den Rücken abrieb. Vier große Stücke von der Binde wurden so im Quadrat angeordnet, daß der Teil der Wirbelsäule, an dem operiert werden sollte, unbedeckt blieb. Hermanito nahm die Schere in die Hand und schaute zu den gespannten Gesichtern auf.

„Erhebt die Gedanken zu Gott, meine Kleinen – betet!"

„Fragt ihn, ob er Schmerzen hat!“ Nein, er hatte keine. Hermanito stieß ihm eine Schneide der Schere in den Rücken. Herr Smith stöhnte, als sie in seine Haut eindrang. Ich sah die Schere im Rücken verschwinden und hörte, wie das Fleisch zerschnitten wurde. Zu beiden Seiten der Wunde fühlte ich mit den Händen eine warme Flüssigkeit in den Mull einsickern. Herr Smith stöhnte noch einmal.

„Laßt ihn weitersprechen – hat er Schmerzen? Fragt ihn!“

Ja, ein bißchen, aber er könne es ertragen. Hermanito zog die Schere heraus. Er nahm das Messer, hob es ergeben hoch und rammte es Herrn Smith in den Rücken. Erneut fühlte ich einen warmen Strom aus der Wunde über meine Finger in die Mullstreifen sickern. Hermanito schnitt einige Minuten und zog dann so etwas wie einen komisch geformten Knochen heraus, der mit Blut und kleinen roten Fleischstückchen bedeckt war.

„Das ist einer der Wirbel, Kleines. Er ist völlig kaputt.“ Er nahm einen Knochen aus dem Glas. Unterdessen schaute ich in die klaffende, dunkle Wunde in Herrn Smiths Rücken und geriet für einen Moment in Panik.

„Mein Gott, wie kann das je wieder geschlossen und geheilt werden!“ Dann aber drehte Hermanito sich um und sah mich aus seinen leicht geschlossenen Augen an, und an die Stelle der Furcht trat ein tiefer Friede. Gott war mit uns. Hermanito legte den Knochen in das Loch und klopfte ihn mit dem stumpfen Ende des Messers an den richtigen Platz. Es gluckste dumpf, als der Knochen gegen das nasse, rohe Fleisch schlug. Herr Smith stöhnte.

„Laß ihn immer weiterreden, Kleine!“ befahl Hermanito der Frau neben Herrn Smith. „Er darf nicht ohnmächtig werden!“ Hermanito sprach in drängendem Ton. Er schnitt ein weiteres Knochenstück heraus, und der Einsetzungsvorgang wiederholte sich.

„Paßt du auch genau auf, kleine Tochter?“ fragte Hermanito mich leise. Ich nickte bejahend.

„Dieser arme Mann“, sagte Hermanito. „Kein Wunder, daß er Schmerzen hatte. Da an seiner Wirbelsäule ist ein kleiner Tumor.“

Wieder verschwand das Messer in der Wunde. Plötzlich erfüllte ein unglaublicher Gestank den Raum. Instinktiv griff ich mit der Hand an die Nase, aber Hermanito führte sie wieder in die Wunde zurück. „Halte das Gewebe straff, kleine Tochter. Ich muß den Tumor entfernen. Er ist bösartig.“ Genau über meinen Fingern schnitt er etwas ab und zog eine rundliche, zähe Fleischmasse etwa von der Größe eines Golfballes heraus, die er anschließend zur Vernichtung in einen Verband einwickelte. Mit einem großen Stück Mull, das ich ihm gereicht hatte, wischte er den blutigen Verband zur Seite. Dabei schloß sich die Wunde in dem Moment, als er mit der Hand über sie hinwegfuhr.

Wir wickelten Mr. Smith in ein Tuch, denn in dem Durcheinander dieses Abends hatte niemand daran gedacht, einen richtigen Verband mitzubringen. Hermanito führte für einige Minuten die Aufsicht und kündigte dann an, uns verlassen zu wollen. Wir hoben Herrn Smith auf das Bett. Die Schmerzen, die er vor und während der Operation gehabt hatte, waren jetzt weg, die Farbe kehrte in sein Gesicht zurück. Er lächelte und erzählte. Ja, er habe gespürt, wie Hermanito in seinem Rücken gearbeitet hat; er habe auch Schmerzen gehabt, aber nun gehe es ihm gut.

Einige von uns gingen ins Wohnzimmer, um Kaffee zu trinken. Pachita beobachtete mich aufmerksam. Unvermittelt veränderte sich ihr Blick. Es war, als würden Flammen auf mich übergreifen. Einen Augenblick lang mußte ich an die Augen, die ich bei den Playmakers gesehen hatte, denken. Sie beugte sich vor und redete in einer unbekannten Sprache zu mir. Es hörte sich an wie Nahuatl. Dann verschwand der Geist so plötzlich, wie er gekommen war. Pachita nahm mich bei der Hand und fragte, wo meine Mutter sei. Mama war an diesem Tag fast gegen ihren Willen mit mir in die Stadt gekommen, um bei der Operation zuzuschauen. Ich stellte sie Pachita vor.

„Sie sind eine Mutter, die vom Glück begünstigt ist. Ihre Tochter hat eine ganz besondere Lebensaufgabe. Sie wird eines Tages in der Lage sein, genauso zu heilen wie ich. Sie sollten sich darauf vorbereiten, ihr im Notfall helfen zu können. Ihre Tochter wird Sie sehr brauchen." Mama war fast so geschockt wie ich. Abgesehen von Pater Humberto hatte ich keiner einzigen Person gegenüber erwähnt, was Hermanito mir offenbart hatte. Und jetzt wurde mein Wirken sogar öffentlich angekündigt!

Später in dieser Nacht begleitete ich Pachita nach Hause. Dort gab sie mir eine Flasche mit rotem Kräutersaft und trug mir auf, dafür zu sorgen, daß Herr Smith zwei Tage lang davon trinken würde. Er solle den Verband drei Tage tragen, im Bett bleiben und in dieser Zeit keinerlei Schweinefleisch essen.

Als wir zurückkehrten, gab ich Herrn Smith ein Glas mit dem Saft. Er war ganz aufgeregt und glücklich. Er stand auf und ging langsam zum Badezimmer und zurück. Ich sah, daß sein neuer gelber Schlafanzug im Rücken blutbefleckt war. Auch der Verband und das Bettlaken zeigten Flecken. Seine Frau und ich wechselten das Bettzeug aus, gaben ihm einen anderen Schlafanzug und brachten ihn wieder zu Bett. Es war inzwischen 3.30 Uhr geworden.

Ich lag im Bett und dachte über das nach, was ich gesehen hatte. Konnte es sein, daß das alles nur ein Trick war? Beruhte das alles nur auf Fingerfertigkeit und Schwindel? Stand ich unter Hypnose? Medizinisch gesehen, war die

Ersetzung eines Wirbels eine Unmöglichkeit. Aber ich hatte mich doch nur wenige Zentimeter neben der Wunde befunden. Ich selbst hatte die Verbände auf die Haut gelegt. Niemand sonst hatte sie berührt. Und ich konnte Pachitas Hände genau beobachten. Sie waren offen, die Finger gespreizt. Nichts war darin verborgen. Zu keiner Zeit hatte sie irgend etwas unter ihrem Gewand hervorgezogen; ihre Kleidung hatte sowieso keine Taschen. Und ich hatte den warmen Blutstrom an meinen Händen fühlen können. Sie waren direkt in der Wunde gewesen und dann bis zum Gelenk mit Blut beschmiert. Aber was Pachita getan hatte, war unmöglich!

Stimmt – jedenfalls aus der Sicht eines menschlichen Arztes. Aber das Wesen, das durch Pachita arbeitete, war kein Mensch. Es war übernatürlich und stand außerhalb der uns bekannten Naturgesetze. Deshalb war auch seine Arbeit und die erzielte Wirkung übernatürlich und nicht an herkömmliche Grenzen gebunden. Dann haben die Spiritisten also recht, dachte ich. Die Seelen der Entschlafenen umgeben uns. Einige haben ein höheres Niveau erreicht als andere, einige – vielleicht sogar Hermanito – sind Gott näher und können deshalb herrliche Wunder vollbringen. Andere Seelen sind fraglos böse und grausam, wie die mir so lange vertrauten Greuel bewiesen. Viele der Menschen, die von den bösen Seelen in Besitz genommen worden waren, erkrankten unheilbar an Geisteskrankheiten und mußten für immer in Anstalten eingesperrt werden. „Gäbe es nicht Mind Control und Hermanito, wäre das vermutlich auch mein Schicksal gewesen“, fügte ich für mich selbst hinzu.

Aber jene Heiligen, die beschließen, ihren entleibten Geist mit einem als Medium dienenden menschlichen Körper zu verbinden, können tatsächliche Wundertaten verrichten. Kim mußte sich täuschen. Pachitas Arbeit war nicht satanisch. Wie hätte das auch sein können?

Schließlich hatte ich jahrelang erfahren, was die an Satan Gefesselten hervorzubringen imstande waren. Nun aber erlebte ich die Taten Gottes! Hatte ich nicht jetzt ein ganz und gar anderes Gefühl? Mir war der Unterschied klar. Standen da nicht ein Kruzifix und ein Bild von Jesus auf dem Altar? Und dann hatte ich doch Nonnen und Priester gesehen, die den ganzen Raum mit Weihwasser besprengt und den Rosenkranz vor sich hergebetet hatten. Dem Vater und Herrn wurde alle Ehre gegeben. Immer wieder wurden wir aufgefordert, unsere Gedanken zu Gott zu erheben und das Vaterunser zu beten. Außerdem, was sollte Satan denn mit Heilungen und guten Werken im Schilde führen – oder mit „Teufels"-Austreibungen, wie sie Dr. Carlos mir geschildert hatte?

Dr. Carlos war auch nicht gerade ein leichtgläubiger Idiot. Er war ein angesehener Chirurg mit eigener Praxis und einem riesigen Unternehmen der Pharma-Branche. Er hatte inzwischen einige Monate als einer von Pachitas Hauptassistenten gearbeitet und die gleichen Aufgaben wie ich in der letzten Nacht wahrgenommen. An Dutzenden von Operationen war er beteiligt gewesen und äußerte immer wieder seine Verwunderung über die Dinge, die er Hermanito tun sah. Nein, für mich stand außer Frage, daß das, was Pachita machte, übernatürlich und letztlich in Gott begründet war. Aus diesem Grunde war ich entschlossen, mit ihr zu arbeiten, um so gut ich konnte zu lernen und zu dienen. Immer wieder pries ich Gott dafür, daß er mich zu ihr geführt hatte.

Am nächsten Morgen fuhren Mama und ich zurück nach Cuernavaca. Am Abend traf ich mich mit dem Pater zu unserer letzten Sitzung. Ich war sehr aufgeregt und erwartungsvoll. Ich hatte furchteinflößende Dinge gesehen, und meine Mission war bestätigt worden. In diesem Treffen nun sollte ich ein echtes Trance-Medium werden, wie Hermanito vorausgesagt hatte.

Wir verfuhren wie gehabt. Ich zählte mich herunter und wartete. Plötzlich merkte ich, wie ich tiefer und tiefer sank. Ganz tief in mir zerriß etwas. Mein Körper schien dahinzuschwinden. Ich schaute nach unten und sah meine leere Hülle, mit den Handflächen nach oben zeigend, kerzengerade auf einem Stuhl sitzen. Es wurde mir bewußt, daß ich mich in einem neuen Kosmos befand, weit entfernt von meinem bisherigen Aufenthaltsort. Ich hatte eine tiefe Dunkelheit durchschritten, aber jetzt war alles von reinem, weißem Licht erfüllt. Mir war endgültig klar, daß mein innerstes Wesen, mein Geist, nicht an diesen fleischernen Sack da unten gebunden war. Ich hatte ihn für eine bestimmte Zeit bekommen, um die vor mir liegenden Aufgaben ausführen zu können, mein Karma zu erfüllen und meinen Geist zu läutern, damit er sich wieder mit Gott vereinigen konnte. Ich selbst aber war ewig, ein untrennbarer Teil der lebendigen Kraft.

Ähnliche Gedanken waren mir schon früher gekommen. Nun jedoch machte ich die entsprechende Erfahrung und schwebte weit über meinem Körper. Ich war in einem Gefühlsrausch; es gab keine Zeit, kein Leid, keine Schmerzen – nur vibrierende, kaum zu ertragende Freude, Licht und Frieden jenseits all dessen, was ich bisher erfahren hatte. Ich sah nach unten. Eine stille, leuchtende Gestalt stand neben meinem Körper und wartete ... wartete ..., nahm ihn aber nicht in Besitz. Dann hörte ich, wie mich eine irdische Stimme von weit her rief. Zunächst konnte ich die Worte nicht verstehen, aber sie wollten nicht verschwinden.

„Johanna, Johanna – komm zurück! Es ist Zeit zurückzukommen. Es ist Zeit zum Ausruhen!“ Wie schwer wurde es mir, dieser Stimme zu gehorchen! Es war so schön wo ich mich befand, und ich wollte bleiben. Aber ich wurde zurückgezogen. Ich spürte meinen Körper wieder; er war wie Blei und jeder Energie beraubt. Pater Humberto berührte vorsichtig meine Hände, und sie fielen mir wie tote Gewichte in den Schoß. Ich lehnte mich zurück, unfähig, mich zu bewegen.

„Warum haben Sie mich so schnell zurückgerufen? Wir haben doch erst angefangen! Ich war noch gar nicht bereit zurückzukommen." Wir waren aber schon über eine Stunde an der Arbeit gewesen.

Später machte ich während meiner Meditationen häufig ähnliche Erfahrungen – ein plötzliches Lösen von meinem Körper, das Gefühl, weit wegzuschweben. Und ich konnte sehen, wie Geister meinen Körper umgaben. Viele waren böse und wollten ihm Schaden zufügen, andere waren gütig und schön. Die guten nannte ich meine Schutzengel, und ich wußte, daß sie mich vor den bösen beschützten. Ich fühlte mich sicher und hatte keine Angst.

Meine Empfindsamkeit und meine übersinnlichen Kenntnisse hatten erheblich zugenommen. Dennoch wußte ich mit Bestimmtheit, daß ich kein Trance-Medium war. Ich war tief enttäuscht. Vielleicht war ich nicht weit genug fortgeschritten. Obwohl Pachita mich mit großer Zuneigung behandelte, spürte ich einen radikalen, wenn auch feinen Wandel in Hermanitos Haltung mir gegenüber, der mich tief verletzte. Gab es etwas in mir, das meiner weiteren Entwicklung im Wege stand? Die Antwort darauf sollte ich erst mehr als ein Jahr später erhalten, aber Hermanito gab mir während einer der Fluch-Operationen, bei der ich assistierte, einen Hinweis. Er schnitt gerade einer Frau den Unterleib auf, und ich betete inständig, als er abrupt aufsah und auf mich zeigte.

„Schnell! Bring sie hier heraus! Sie wird von einem Bösen angegriffen!" sagte er zu einer der Frauen aus der Gruppe. „Berühr sie mit den Nelken, die auf dem Altar stehen! Schnell!"

Dann fügte er hinzu: „Es ist nur eine Vorsichtsmaßnahme. Sie wird von einem sehr mächtigen Geist beschützt."

Als er das sagte, schaute er mich durchdringend an, und einen Moment lang war ich von dem Haß in seinem Gesicht wie gelähmt. Der Blick verschwand sofort wieder, aber die Wirkung blieb.

Zeichen und Wunder

Es wäre eine glatte Untertreibung, würde ich behaupten, Papa wäre über die Wende in meinem Leben besorgt gewesen. Gut, er war erfreut über die positiven Veränderungen, die er meiner Haltung entnehmen konnte. Die fast ein Jahr währende Depression war verschwunden. Ich hatte ein neues Wertgefühl und neuen Lebenssinn bekommen. Zum ersten Mal in meinem Leben kam ich mir nützlich vor; ich gehörte dazu. Aber Papa erkannte die Tiefe dieser Empfindungen nicht. Er sah nur, daß sich seine über alles geliebte älteste Tochter Hals über Kopf der Zusammenarbeit mit einer sehr merkwürdigen alten Frau widmete, deren Aktivitäten allem Anschein nach nicht nur grausig waren, sondern noch nicht einmal von der Regierung genehmigt!

„Und wenn die Polizei sie nun abholt, während du da bist? Du könntest im Gefängnis landen! Was wäre, wenn ihr jemand stirbt? Was, wenn du dir durch den Umgang mit diesen Leuten eine schreckliche Krankheit holst? Und wenn dir auf der Straße oder in dieser scheußlichen Nachbarschaft etwas passiert? Vor ein Uhr nachts kommst du ja nie nach Hause!“

Seine Sorge rührte mich, aber ich wußte, daß ich beschützt wurde. Mir konnte nichts passieren. Um mich herum spürte ich ein besonderes Kraftfeld. Ich lernte, eine Energiehülle auszustrahlen, die mir alle aufdringlichen Leute vom Leibe hielt. Oftmals sah ich, wie in der U-Bahn oder im Bus jemand nach mir schielte und sich an mich heranmachen wollte. Aber stets hielten diese Menschen ungefähr einen Meter von mir entfernt an, als seien sie gegen eine unsichtbare Mauer gerannt. Sie schreckten verwirrt zurück.

Papa ließ sich von meinen Beteuerungen nicht überzeugen und beschloß, mich so oft es ging zu Pachita zu fahren. Wegen seiner ersten negativen Erfahrungen mit Hermanito lehnte er es allerdings ab, mit hineinzukommen und schaute sich statt dessen lieber einen Kinofilm an, bis ich fertig war. Erst als Hermanito und Dr. Carlos mir sonderbare Medizin verschrieben, entschied er, sich die Sache noch einmal anzuschauen, bevor er mir erlauben würde, etwas von diesem trüben Gebräu zu schlucken.

Papa und Dr. Carlos mochten einander auf den ersten Blick, was sich als sehr günstig herausstellte, als Papa begann, den Doktor mit allen möglichen Fragen und Zweifeln, die er bezüglich Pachita und Hermanito hatte, zu bombardieren und in die Enge zu treiben.

„Ich bin Arzt, Don Alberto, und Chirurg. Ich habe meine eigene Praxis. Glauben Sie, ich würde das alles aufs Spiel setzen für etwas, das ich für Betrug oder gar für etwas Gefährliches halte? Glauben Sie, ich bleibe hier und riskiere ein Anklage wegen fahrlässiger Tötung oder – noch schlimmer – wegen Mordes? Nicht ein einziges Mal in all den Jahren, in denen Pachita hier operiert, ist ihr jemand auf dem Tisch geblieben oder wegen Komplikationen gestorben, die sich nach der Operation einstellten. Niemand, der ihr assistierte, hat sich je eine Krankheit eingefangen. Es stimmt, nicht alle, die sie operiert, werden wirklich wieder gesund – einige sterben trotz Hermanitos Anstrengungen. Aber Gott ist der Höchste, und Hermanito kann nur tun, was Gott erlaubt."

Dr. Carlos legte Papa die Hand auf die Schulter.

„Ich bin jetzt seit vielen Monaten hier, Don Alberto. Hermanito hat mir eine große Ehre erwiesen, und ich bin einer seiner Hauptassistenten bei den Operationen geworden. Ich habe hier große Dinge gesehen. Wunder! Er vollbringt Wunder, die weit außerhalb des Vermögens der Medizin liegen.

Meine Kollegen werfen mir immer wieder vor, ich würde lügen oder ich sei nicht bei Verstand, wenn ich ihnen erzähle, was ich gesehen habe. Sie protestieren und sagen, was Hermanito da mache, sei naturwissenschaftlich unmöglich! Sie haben recht. Aber Gott ist größer, Don Alberto, viel größer. Ich habe die Operationen, die Hermanito ausführt, mit eigenen Augen gesehen. Sie sind von Gott. Aber bleiben Sie doch heute abend hier, Don Alberto. Sie werden ja selbst sehen."

Für diesen Abend waren sechs Operationen angesetzt. Vier davon waren kleinere, in deren Verlauf eine spezielle Flüssigkeit in die untere Wirbelsäule injiziert werden sollte – Hermanitos bevorzugte Behandlungsart der meisten Lähmungserscheinungen. Die ganze Prozedur nahm jeweils ungefähr fünf oder sechs Minuten in Anspruch.

Als nächstes sollte ein junger Mann namens Heraldo, der knapp über zwanzig Jahre alt war, operiert werden. Seine Mutter, Marina, eine hübsche, sehr elegante Frau aus einer wohlhabenden Familie, assistierte zusammen mit dem Doktor. Sie war es, die Dr. Carlos mit Pachita in Verbindung gebracht hatte, nachdem ihr Ehemann dort erfolgreich behandelt worden war.

Heraldo hatte einige Jahre zuvor einen Unfall gehabt, bei dem er sich schlimm die Nase gebrochen hatte. Chirurgen hatten sie wiederhergestellt, aber am Nasenansatz steckte noch ein Stück von dem gesplitterten Knochen. Es bestand die Gefahr, daß er ins Innere des Schädels wandern könnte. Weil der Knochen aber an so einer komplizierten Stelle lag, zögerten die Chirurgen, ihn zu entfernen, obwohl er Heraldo ständig das Atmen erschwerte und schlimme Kopfschmerzen hervorrief.

Papa und ich stellten uns ans Fußende des Feldbettes, um zuzuschauen. Heraldo breitete ein Bettlaken aus. Seine Mutter wischte die Schere mit einem in den Balsam getauchten Wattebausch ab und gab sie dann Hermanito.

„Erhebt eure Gedanken zu Gott, liebste Brüder", sagte Hermanito und streckte die Schere dem Altar entgegen. Daraufhin drehte er sich zu Heraldo um und stieß ihm eine Spitze der Schere genau über der Nase in die Stirn und schnitt die Haut auf. Es war deutlich zu hören, wie das Fleisch zerschnitten wurde. Anschließend nahm er das Messer, schob es in die Wunde und trieb es noch mit dem Handballen in den Schädel. Wir hörten, wie der Knochen unter den Hieben zerbarst. Heraldo stöhnte. „Hast du Schmerzen, mein Sohn?" fragte Hermanito.

„Ja, ein bißchen, Hermanito." Marina ergriff den Kopf ihres Sohnes.

„Keine Bange. Wir sind fast fertig." Hermanito langte nach einem Stück Mull und ließ das Messer dabei einfach in Heraldos Stirn stecken. Er tupfte das Blut ab, das sich um das Messer herum in der Wunde gesammelt hatte. Dann kratzte er mehrere Minuten im Kopf herum und beklagte sich, wie schwierig es sei, die Splitter ausfindig zu machen. Schließlich grub er sie aus und entfernte sie.

Von Zeit zu Zeit besprach Hermanito das, was er tat, mit Dr. Carlos, der als Hauptassistent zu seiner Linken stand. „Siehst du, wie sich diese Splitter da eingenistet haben, geliebter Sohn?"

Der Doktor antwortete zustimmend. „Das ist ja wunderbar, Hermanito", sagte er leise, als er sich über den Jungen beugte. „Mich selbst hätte es mehr als eine Stunde gekostet, allein um durch den Knochen zu kommen. Du hast es in Minuten getan. Diese Gegend um die Sehnerven herum ist ziemlich heikel. Wenn sie beschädigt werden, könnte er das Sehvermögen verlieren. Gott ist wirklich gut."

Nach vielleicht zwanzig Minuten war die Operation beendet.

„Na, mein Sohn, wie fühlst du dich jetzt?“ fragte Hermanito freundlich.

„Besser, Hermanito. Rechts kann ich jetzt einwandfrei atmen, aber links ist es immer noch gleich“, antwortete er.

„Ich weiß, mein Sohn. Wenn du in zehn Tagen wieder zu Kräften gekommen bist, werden wir dich wegen der linken Seite operieren.“

Eine Woche später sahen wir Heraldo, als er zur Untersuchung kam. Er erzählte uns, die Symptome in der rechten Nasenhälfte seien verschwunden. Er hegte keinen Zweifel, daß Hermanito wirklich in seinem Kopf herumgeschnitten hatte. Während der Operation hatte er Schmerzen und starken Druck in seinem Kopf verspürt und konnte hören und fühlen, wie es am Knochen knirschte und schabte. Ein paar Tage nach seiner Operation war er zu seinem Arzt gegangen, der ungläubig auf die neue Röntgenaufnahme gestarrt hatte. Das Hindernis in Heraldos rechter Nasenseite war verschwunden.

Nachdem Heraldo verbunden und zum Ausruhen in einen anderen Teil des Hauses gebracht worden war, breitete Dr. Carlos ein neues Laken auf dem Feldbett aus und schickte sich an, sein Hemd auszuziehen.

„Was? Sie, Carlos?“ entfuhr es Papa. „Werden Sie jetzt selbst operiert?“

„Ja, gewiß“, sagte der Doktor. „Ich habe einen Bruch bekommen, der geschlossen werden muß. Darum wird Hermanito sich jetzt kümmern.“ Hermanito lächelte und tätschelte dem Doktor den Arm. „Kommen Sie, Don Alberto! Sie stellen sich hier neben mich und sehen zu.“ Papa ging um Hermanito herum und stellte sich neben Dr. Carlos, nachdem er sich auf dem Feldbett ausgestreckt hatte.

Wie immer rieb Hermanito den für die Operation in Frage kommenden Hautbereich mit einem alkoholgetränkten Wattebausch ab. Messer und Schere waren schon zuvor mit dem Balsam gereinigt worden und bereit zum Gebrauch.

Als Hermanito den Unterleib aufschnitt, begann der Doktor – mit erhobenem Kopf, damit er die Prozedur beobachten konnte – in medizinischer Fachsprache zu beschreiben, was vorging. Er konnte alles sehen und fühlen, was Hermanito tat. Schließlich war Hermanito bis zu dem Bruch vorgedrungen und bat Marina um Nadel und Faden. Sie war auf diese Bitte nicht vorbereitet, und es dauerte mehrere Minuten, bis man eine Nadel und eine Zwirnrolle ausfindig gemacht hatte. Ich sah, wie Hermanito den Faden mit geschlossenen Augen gleich beim ersten Versuch einfädelte und anschließend den Bruch vernähte. Der Doktor verglich dabei die Technik der Vorgehensweise mit seiner eigenen bei ähnlichen Operationen.

Papa war überwältigt. Er war eigentlich in der Überzeugung gekommen, auf die eine oder andere Weise einen Schwindel aufdecken zu können. Statt dessen war er geradewegs Zeuge bei zwei Operationen gewesen, die beide von einem praktizierenden Chirurgen bestätigt wurden.

Dr. Carlos war nicht der einzige Chirurg, der von der Realität der Phänomene, die sich bei Pachita zutrugen, überzeugt war. Im März 1972 war E. Stanton Maxey, Doktor der Medizin, bei Pachita und erhoffte sich Heilung für einen seiner todkranken Patienten. Dr. Maxey schrieb später einen Artikel mit der Überschrift „Beobachtungen eines Chirurgen bei der Psychochirurgie“, in dem er seine Begegnungen sowohl mit Pachita als auch mit verschiedenen Psychochirurgen auf den Philippinen diskutierte. Der folgende Bericht ist auf der Grundlage von Auszügen aus dem Artikel verfaßt worden:

„Im November operierte ich G.W. und entfernte einen Krebstumor, der achtzehn Pfund wog (Adenokarzinom der Eierstöcke). Die von dem Tumor befallenen benachbarten Organe konnten nicht entfernt werden. Trotz der angewandten herkömmlichen Chemotherapie weitete sich der restliche Krebs aus. Um die Patientin überleben zu lassen, war ganz offensichtlich eine Wunderheilung notwendig.

Im März begleitete ich G.W., ihren Mann und einen Tierarzt zu der Heilerin Pachita in einem Vorort von Mexiko-City. Nach mehreren Tagen gelang es uns, einen Termin zur ‚Diagnose' zu bekommen. Es stellte sich als Diagnose ganz eigener Art heraus. Jeder von uns mußte entsprechend der vorhergehenden Anweisung ein frisches Ei mitbringen, das bei der Diagnose Anwendung finden sollte.

Die Patienten strömten einer nach dem anderen in rascher Folge in das Behandlungszimmer, um sich ihren Befund erstellen zu lassen. Als wir an der Reihe waren, nahm Pachita G.W.'s Ei, rieb ihr damit schnell über Kopf, Rücken und Unterleib und gab durch den Übersetzer bekannt, es handle sich um Gebärmutterkrebs. Anschließend warf sie das Ei abrupt in einen nahestehenden Papierkorb. (Bemerkung: Bei einem vorangehenden chirurgischen Eingriff war ein Übergriff des Krebses auf die bisher nicht entfernte Gebärmutter festgestellt worden.) Einige der zuvor benutzten Eier lagen zerbrochen auf dem Betonfußboden. Pachita tauchte ihre Hände in eine Schüssel mit Wasser, bespritzte G.W. mit etwas davon und segnete sie.

Die Operation wurde für den folgenden Abend anberaumt. Zu dieser Zeit waren weniger Patienten anwesend. Pachita hatte mehrere Assistenten, von denen einer Zuwendungen annahm. G.W. wurde vollständig bekleidet im Schlafzimmer der Familie zu Bett gebracht und mit

Tee versorgt. Später kamen drei starke junge Männer und trugen sie ins Behandlungszimmer. Auch eine Rolle Mull und eine Flasche Äthylalkohol, die wir zuvor erhalten hatten, wurden mitgenommen. Ich begleitete die Gruppe.

Während G.W. auf das Bett gelegt und ihr Unterleib entblößt wurde, saß Pachita bei sehr schummerigem Kerzenlicht vor den geheiligten Gegenständen. Ich selbst stand zu Füßen von G.W., genauer gesagt, hielt ich ihre Füße, um den Puls der Fußarterien beobachten zu können. Pachita spritzte Alkohol auf den Unterleib, massierte eifrig das Fleisch und schob dann – wie es den Anschein hatte – mit großer Geschwindigkeit und ohne Rücksicht auf anatomische Gegebenheiten ein Messer und eine Schere in den Unterleib. G.W. hatte keine Schmerzen. Man konnte hören, wie mit der Schere geschnitten wurde. Dann war alles vorbei, und die Assistenten legten eilig einen Verband an. Pachita betete augenscheinlich im Sitzen, und mir schien, als spürte ich einen bläulichen Schleier, der sie und ihre Assistenten umgab. Vor der Heimfahrt bekam G.W. am Ort gesammelte Kräuter, aus denen ein Tee zubereitet werden sollte.

Drei Tage später wechselte ich G.W.'s Kleidung in meiner Praxis aus und stellte nur ein paar oberflächliche Kratzer am Unterleib fest, fühlte aber vom ganzen unteren Unterleib her Wärme ausgehen, als sei ausschließlich diese Gegend fiebrig. Die blutige Kleidung wurde vom ‚Florida Department of Law Enforcement' untersucht. Es war menschliches Blut, Gruppe B, die Blutgruppe der Patientin."

Dr. Maxey hatte seinen Bericht mit folgenden Worten eingeleitet:

„Sehen heißt nicht glauben. Sehen mit zusätzlicher photographischer Dokumentation des Vorgangs heißt immer noch nicht glauben. Und auch die Beifügung bestätigender Laboruntersuchungen verwirrt nur noch mehr, weil dabei nur Unmöglichkeiten aufgezeigt werden, die dem wissenschaftlich gebildeten Verstand kaum faßbar erscheinen."

Dr. Maxey besitzt zweifellos einen überragenden wissenschaftlichen Verstand. Neben seiner fünfundzwanzigjährigen Tätigkeit als Chefarzt und seiner Anerkennung durch das amerikanische Amt für Chirurgie und durch die Mitgliedschaft in der amerikanischen Akademie für Chirurgie ist er noch Pilot. Außerdem hat er als Erfinder hydraulische Operationstische, gewebeverarbeitende Maschinen und Höhenmesser gebaut. Er besitzt Patente für Geräte zur elektronischen Navigation und Landung von Flugzeugen. Die wissenschaftliche und medizinische Erfahrung, so erklärt er, müsse man „eifersüchtig hüten, denn sie ist ein großer Schatz. Aber", fügt er hinzu, „diese Wissenszweige sind nicht die Bohne wert, wenn man es mit den Unwägbarkeiten der Psychochirurgie zu tun bekommt. Ich möchte den Leser davor warnen, die Aufklärung rätselhafter Geheimnisse zu erwarten. Ich für meinen Teil gebe den Rat, Schlußfolgerungen so lange zurückzuhalten, bis eine umfangreichere Einsicht in diese Phänomene eine ordnungsgemäßere Interpretation erlaubt. Da aber die beschriebenen Unmöglichkeiten nun einmal so sind, fühle ich mich bei einer Voraussage sicher: man wird während meiner Zeit als Arzt nicht mehr zu einer ausreichenden Würdigung der Phänomene gelangen."

Dr. Maxey schloß seinen Artikel: „Ich bin überzeugt, daß die Schulmedizin und die Wissenschaft den Ereignissen, die ich beschrieben habe, keinen Glauben schenken werden. Die entscheidende Frage muß aber lauten: ‚Sind die Patienten geheilt?' Gibt es Hoffnung für diejenigen Patienten, deren Lage von der Schulmedizin für hoffnungslos erklärt wird?

Ich weiß es nicht.

Mir scheint aber, die Psychochirurgen könnten ihren Kollegen Schulmediziner in deren Bemühen behilflich sein, den ganzen Menschen wahrzunehmen."

Am 15. März 1972 erhielt ich einen Brief von Dr. Maxey mit der Nachricht, daß es „unserer Patientin G.W. zur Zeit prächtig geht". Am 10. September 1973 stand allerdings in einem weiteren Brief: „G.W. geht es schlecht, obwohl sich ihre Lage zeitweilig gebessert hatte. Sie befindet sich jetzt in New York, wo sie sich einer starken Strahlentherapie unterzieht." Im Sommer 1974 starb G.W.

Warum wurde sie nicht endgültig geheilt? Stanley Krippner und Alberto Villodo, die Pachitas Arbeit in einem Buch analysiert und diskutiert haben, meinen, die Weltanschauung des Patienten könne etwas damit zu tun haben. Die Diskrepanz zwischen der Wirklichkeit des Heilers und dem Patienten „könnte ein Grund dafür sein, daß sich der Zustand von Touristen nach einem Eingriff von Donna Pachita nach anfänglicher Verbesserung wieder verschlechtert, wenn sie nach Hause zurückkehren. Unter den forschenden Blicken der Verwandten und Nachbarn fällt die zeitweilige Übernahme des Glaubenssystems des Heilers in sich zusammen – und damit auch die Hilfe, die dieser Heiler vermittelt hatte."

Dies war im wesentlichen auch die Erklärung, die ich mir selbst gab, wenn ich sah, wie sich Patienten einer Behandlung oder Operation unterzogen, deren Heilwirkungen nur minimal und von geringer Dauer waren. Der Person, die nicht geheilt wurde, fehlte es eben an Glauben. Als ich Hermanito darüber befragte, bestätigte er das, sagte aber auch, es entspräche manchmal einfach nicht Gottes Wille für die betreffende Person. Trotz besseren Wissens versprach Hermanito des öfteren einer Person Heilung oder Besserung, weil er ihr Hoffnung geben wollte. „Diese Ärzte!“ rief er einmal verächtlich aus. „Sie glauben, alles zu wissen! Sie halten sich für Gott! Wer sind sie eigentlich, daß sie behaupten, der Fall einer Person sei hoffnungslos? Vielleicht ist es doch Gottes Wille, ein besonderes Wunder zu tun, falls der Kranke seine Hoffnung bewahrt.“ Dann wurde Hermanitos Stimme leiser, und er schaute von mir weg. „Es ist schrecklich, zu sterben, aber noch schlimmer, ohne Hoffnung zu leben.“

David war ein anderer todkranker Patient, dem Hermanito einen Hoffnungsstrahl gab. David und ich hatten uns schon als Kinder gekannt. Unsere Familien waren eng befreundet, besonders in den Jahren, in denen Mama und Papa in Mexiko-City gelebt hatten. Sie blieben weiterhin in Verbindung, aber David hatte ich seit Jahren nicht mehr gesehen.

Irgendwann während seines zweiten Jahres am College hatte er Krebs bekommen. Fast zwei Jahre lang unterzog er sich Chemotherapie und Kobaltbehandlungen in dem verzweifelten Bemühen, die Krankheit einzudämmen. Aber mittlerweile wuchsen überall in seinem Körper riesige Tumore. Die Ärzte gaben ihm nur noch ein paar Monate zu leben.

Als Mutter über eine gemeinsame Freundin von dieser jüngsten Prognose für David hörte, rief sie sofort seine Mutter an und erzählte ihr von Pachita. Zuerst war Cora nicht bereit, ihren Sohn zu der alten Frau zu bringen, von der Mutter in so hohen Tönen sprach. Aber es gab nichts mehr, wohin sie noch gehen konnten, alle anderen Hilfsmöglichkeiten waren erschöpft.

Ich ging mit David ins Behandlungszimmer und stand neben ihm, als Hermanito rasch mit dem Ei über seinen Körper rieb und mehrere der Tumore betastete. Einer befand sich seitlich am Nacken und war fast so groß wie meine Faust. Hermanito segnete David mit dem Balsam und legte ihm anschließend beide Hände auf die Schultern. „Mein Sohn, die Ärzte haben dir erzählt, du hättest Krebs. Sie haben die falsche Diagnose gestellt. Was du hast, sind Fettansammlungen, die in und an deinem Körper zu unverhältnismäßiger Größe angewachsen sind. Das ist nichts, was dich umbringen wird, Kleiner. Nur Mut!"

David schaute ungläubig auf, als Hermanito ihm ein Rezept verschrieb, das aus Kräutertees und *mamporro* bestand (eine Schlange, die von Pachita getrocknet, gemahlen und in große Gelatinekapseln gefüllt wurde). Von einer Operation sagte Hermanito allerdings nichts. Ich fand das ungewöhnlich, war aber sicher, daß David sich schließlich doch einer unterziehen und dadurch geheilt werden würde. Wir waren hoch erfreut, eilten nach draußen, wo Mama und Cora warteten, und erzählten ihnen die wunderbare Neuigkeit.

Aber die Behandlung schien nicht anzuschlagen. Tatsächlich verschlechterte sich Davids Zustand zusehends. Seine Schmerzen wurden so unerträglich, daß sie auch nicht mehr durch Morphiumspritzen entscheidend gelindert werden konnten. Seine Stimmung, die durch Hermanitos Worte so deutlich gestiegen war, schlug nun um. Verzweifelt begann er davon zu sprechen, seinem Todeskampf durch Selbstmord ein Ende setzen zu wollen.

Am Morgen des 28. Februar 1971 war ich bei Pachita, als Davids Vater eintraf. „Johanna! Ich bin so froh, daß du hier bist", rief er aus und nahm mich bei der Hand. „David sitzt in meinem Auto. Es geht ihm nicht gut, Johanna. Seine Schmerzen sind unerträglich. Er sagt, wenn Hermanito ihn jetzt nicht operiert, will er sich umbringen." Beim Sprechen hatte er Tränen in den Augen.

„Warten Sie hier, Andrew! Ich hole Pachita."

Pachita beugte sich in den Wagen und sprach mit David, der gekrümmt auf dem Rücksitz lag. Als wir wieder in den Hof traten, um miteinander zu reden, machte Pachita ein bekümmertes Gesicht.

„Wird Hermanito ihn gleich operieren, Pachita? Du siehst ja, was mit ihm los ist."

„Johanna, ich weiß es nicht", antwortete Pachita. „Der Krebs des Jungen ist zu weit fortgeschritten. Ich glaube nicht, daß er eine Operation jetzt überleben würde."

„Krebs! Aber Pachita! Hermanito hat doch gesagt, es sei kein Krebs!"

Pachita schüttelte den Kopf. „Es ist Krebs. Hermanito wußte, daß dem Jungen keine Behandlung helfen würde, wenn er nicht Hoffnung bekäme. Gott hätte sicher ein Wunder schenken können. Aber sein Zustand ist schon zu weit fortgeschritten. Und wenn er stirbt, während er noch hier ist?"

„Hermanito *muß* operieren, Pachita. David erträgt die Schmerzen nicht mehr länger. Bitte, frag doch Hermanito!"

„Na schön, fragen wir ihn", sagte sie schließlich, schüttelte aber zweifelnd den Kopf. „Komm!"

Wir gingen in den Altarraum. Minuten später traf Hermanito ein.

„Wir werden den Jungen operieren", sagte er langsam nach einigen Minuten der Stille. „Es liegt in Gottes Hand, ihn zu retten, wenn es sein Wille ist." Hermanito wandte sich mir zu.

„Zur Vorbereitung mußt du drei Tage lang folgendes mit ihm machen" – Hermanitos Stimme wurde energisch – „Sieh zu, daß du Schlamm aus einem stehenden Gewässer auftreibst. Erhitze etwas davon und reibe es dann auf den Tumor und die Gegend unter den Rippen. Bandagiere ihn und laß ihn den Verband so lange anbehalten, wie er es aushält; mindestens ein paar Stunden und möglichst über Nacht. Das wird die Viren zusammenziehen, so daß sie besser entfernt werden können. Morgens reibe seine Schultern, seinen Rücken und die Tumore am Nacken mit dieser süßlich duftenden, mit Chinakohl vermischten

Salbe ein." (Dabei nannte er mir den Namen einer bestimmten Salbe.) Er hielt einen Moment inne und griff nach meiner Hand.

„Du könntest zu dieser Heilung beitragen, Kleine. Ich möchte dir noch einmal bestätigen, daß du eine Gabe hast. Eines Tages wirst du genauso heilen, wie mein Fleisch es tut. Nimm diese Flasche mit Balsam. Wenn die Familie heute nacht schläft, dann gehe durch jedes Zimmer des Hauses, verteile etwas Balsam überall um dich herum und rufe dabei den Namen Gottes an. Falls die Tür seiner Eltern geschlossen sein sollte, bespritze sie mit Wasser. Dann nimm ein Glas reines, klares Wasser und tritt hinaus auf den Balkon. Hebe das Glas mit der rechten Hand hoch und sage: ‚Möge das höchst kostbare Blut unseres Herrn Jesus Christus, dessen bloße Abbildung den Israeliten in Ägypten durch den starken Arm Gottes die Freiheit brachte, uns gewogen sein und uns vom Bösen befreien. Amen.' Anschließend sprich das Vaterunser.

Stell das Glas auf den Boden und laß es dort die ganze Nacht über stehen. Erhebe beide Hände zum Gebet und sage: ‚Vater, mein Herr, ich bitte dich in diesem Augenblick, die Hände zu segnen, die du mir gegeben hast. Jetzt sind sie leer, aber fülle du sie in deiner großen Liebe mit Barmherzigkeit. Befähige sie, aus jenem Körper alle Krankheit zu entfernen. In deiner göttlichen Güte danke ich dir, erhabener Herr.

Licht und Licht; Sonne und Erde, Mond und Sterne, Pflanzen und Moose, Reptilien der Erde; Meere und Flüsse, Frauen und Stämme von allen Enden der Erde: Mit euch vereinigt und im Gleichklang mit euch, erbitte ich heute von euch Gesundheit für diesen Patienten.'

Dann wiederhole das Vaterunser. David soll das Wasser, das du den Elementen überlassen hast, gleich morgens als erstes trinken. Hast du dir alles gemerkt, was ich dir gesagt habe, Kleine?"

„Ja, Hermanito, das habe ich."

„Dann geh mit Gott! Und ringe mit ihm um das Leben des Jungen."

Nachdem David nach Hause gebracht und ins Bett gelegt worden war, fuhren sein Vater und ich an den Stadtrand, wo wir einen großen Teich entdeckten, der einmal Teil des Kanalisationssystems der Azteken gewesen war. Wir füllten einen großen Eimer mit dem stinkenden Schlamm.

Ich ließ David auf ein Handtuch legen und erhitzte den Morast. An der Oberfläche sammelten sich kleine weiße Maden. Mit einem Löffel hob ich so viele ab, wie ich finden konnte und trug den Schlamm auf Davids Unterleib auf. Ergeben unterzog er sich der Tortur, denn er wußte, daß Hermanito eine Operation versprochen hatte.

Für den Abend des 2. März waren nur fünf Operationen angesetzt. David stand als letzter auf der Liste. Mama, Papa, Davids Vater und ein Freund der Familie versammelten sich im Zimmer. Chalio und ich assistierten. Wir breiteten das Laken aus, das sein Vater mitgebracht hatte, und ließen David sich darauf ausstrecken. Chalio half ihm, das Hemd aufzuknöpfen. Hermanito sah auf ihn hinunter.

„Nur keine Angst, mein Sohn. Alles wird so geschehen, wie Gott es bestimmt hat." Ich gab Hermanito einen alkoholgetränkten Wattebausch, mit dem er lebhaft über Davids Unterleib rieb. Danach legte er unterhalb des rechten Rippenbogens vier Mullstreifen um den Bereich herum, der operiert werden sollte. Er nahm die Schere, die ich ihm reichte.

„Bildet einen Kreis um ihn, liebste Brüder. Nehmt euch bei der Hand und betet, betet mit all eurer Kraft, daß Gott uns für diesen Jungen Heilung gewähren möge." Ungewöhnlich lange erhob Hermanito die Schere zum Gebet, dann stieß er sie David in die Seite. Nachdem er ein paar Momente geschnitten hatte, fragte er: „Hast du Schmerzen, Kleiner?“ David antwortete nicht. Die Spannung im Raum stieg unerträglich. Hermanito zog die Schere heraus und schaute in Davids Gesicht. Keine Reaktion, er sah aus wie tot! Ich spürte nicht mehr, daß sein Brustkorb sich hob und senkte. Hermanito sog scharf Luft ein und griff nach Chalios Arm.

„Roll deinen Ärmel auf! Wir müssen eine Transfusion durchführen. Schnell! Die anderen beten!“ befahl er. Er hielt Chalios Arm fest und rammte den Zeigefinger in die Haut. Sie öffnete sich, und die Wunde fing an zu bluten. Sofort verfuhr er genauso bei David und legte dann die beiden Arme etwa dreißig Sekunden lang aufeinander. Ich konnte hören, wie Hermanito in einer fremden Sprache so etwas wie ein Gebet murmelte. Aus leicht geschlossenen Augen starrte er Davids Gesicht an.

Der Erfolg stellte sich augenblicklich ein. David atmete plötzlich tief durch und öffnete die Augen. „Da, da“, sagte Hermanito ganz leise. „Meinem Gott sei Dank! Du hast jetzt Yaqui-Blut in dir, mein Sohn. Wir können weitermachen.“ Er nahm das Messer, schnitt einen gewaltigen Tumor aus dem Bauchraum und wickelte ihn in dunkles Papier. Mehrere Sekunden lang ruhte seine Hand auf Davids Wunde. Schließlich räumte er die blutgetränkte Watte beiseite und legte einen sauberen Bausch auf die Haut. „Wir sind fertig, liebste Brüder. Verbindet ihn jetzt und bringt ihn hinaus, damit er sich ausruhen kann.“

Chalio, Andrew und Papa trugen David aus dem Zimmer. Alle anderen folgten ihnen, um nach dem Jungen zu sehen. Ich blieb mit Hermanito, der am Altar stand, allein im Zimmer zurück. Unvermutet schlug er die Hände vors Gesicht und fing an zu schluchzen. Tränen der Angst mischten sich mit Tränen der Erleichterung.

„Hermanito – Hermanito, was ist los?“ fragte ich verzweifelt.

„O meine Kleine, ich bin ein solcher Feigling geworden." David war an diesem Abend auf dem Tisch gestorben. Die Macht hinter Hermanito hatte ihn wieder ins Leben zurückgeholt, aber der Abruf in den Tod war schon zu nahe gewesen.

Pachita

In Streifen geschnittenes, getrocknetes Schlangenfleisch lag auf dem Wohnzimmertisch. Pachita nahm sich ein Stück nach dem anderen, legte es in eine kleine, tönerne Schüssel und zerstieß es mit einem abgenutzten Mörser zu feinem Pulver.

„Ich hoffe, das wird genügen", seufzte sie, als sie sich den dürftigen Inhalt der Schüssel anschaute. „Es muß auch. Das war alles an *mamporro,* das der *hiervero* (Kräutersammler) für mich auftreiben konnte. Diese Biester werden heutzutage immer seltener. Es ist unglaublich, was er mir für diese eine Schlange abgenommen hat!"

„Gibt es nichts, was Hermanito als Ersatz anwenden könnte?" fragte ich und füllte das Pulver vorsichtig in die großen Gelatinekapseln.

„Bei bestimmten Krebskrankheiten nicht", antwortete sie und schüttelte den Kopf. „Mamporro-Kapseln sind am wirkungsvollsten. Allerdings gilt das auch nur, wenn man früh genug damit anfängt. Bei den meisten Leuten, die zu Hermanito kommen, ist der Krebs schon zu weit fortgeschritten." Sie seufzte noch einmal und legte einen weiteren Schlangenstreifen in die Schüssel. Ich fragte mich, ob sie wohl an David gedacht hatte, als sie das sagte. Inzwischen waren seit der Operation einige Wochen vergangen. Es schien David sehr viel besser zu gehen, aber es war noch zu früh, um ganz sicher sein zu können.

Schweigend arbeiteten wir einige Minuten.

„Pachita, würde es dir etwas ausmachen, wenn ich dich etwas Persönliches frage?“ begann ich zögernd.

„Natürlich nicht, kleine Tochter“, lächelte sie und warf mir einen kurzen Blick zu.

„Wie fing das mit dir und Hermanito eigentlich an?“

Ein paar Sekunden lang sagte Pachita nichts und fuhr mit dem Zerstoßen der Schlange fort. „Ich wurde von meinen Eltern ausgesetzt, als ich noch ein Baby war“, sagte sie leise. „Ein kleiner schwarzer Mann von der Halbinsel Yucatan adoptierte mich. Er hütete in einem Zirkus die Tiere. Ich trainierte hart als Artistin am Trapez, aber meine wahre Liebe galt der Arbeit mit den Tieren. Ich hatte eine besondere Begabung dafür – wußte, was sie fühlten, wußte instinktiv, wie sie zu heilen waren, wenn sie krank waren.

Beispielsweise tat sich eines Abends eine Elefantenkuh sehr schwer bei der Geburt ihres Kalbes. Niemand wußte, wie ihr zu helfen war. Es sah schon so aus, als müßten beide sterben. Ich hatte dabeigestanden und zugeschaut, als irgend etwas über mich kam. Ich wußte, wie dem Tier zu helfen war und gab exakte Anweisungen, was jeweils getan werden mußte. Sowohl Mutter als auch Kalb wurden gerettet. Der Tierarzt war ganz verwirrt“, lachte sie. „Schließlich war es ein neunjähriges Mädchen, das ihm sagte, was er zu tun hatte!“

Pachita machte eine Pause und rieb sich kurz den Nakken. „Hier, mahl du ein bißchen! Ich bin müde.“

Ich zog mir die steinerne Schüssel über den Tisch und langte nach einem weiteren Stück von der Schlange. Pachita atmete tief ein, fuhr sich mit der Hand übers Gesicht und erzählte weiter.

„Ich fing an, als Trance-Medium zu arbeiten, als ich Ende zwanzig war. Eines Tages wurde ich nachmittags um drei Uhr müde ... richtig müde ... und schlief ein. Das passierte mir monatelang; um drei Uhr schlief ich ein, wo immer ich mich auch befand. Wenn ich dann aufwachte, hatte ich das Gefühl, als wären Geister gekommen, um mich über Kräuter, altertümliche Heilmethoden und ähnliches zu belehren. Eines Nachmittags schließlich nahm mich ein Geistwesen in Besitz. Es verkündete, es sei gekommen, um mein Leiter zu sein, und ich sollte ihn ‚Hermanito' nennen. Er sagte, in seinem hiesigen Leben habe man ihn als Cuauhtémoc gekannt. Seine irdische Mission als Heiler und Führer sei vorzeitig beendet worden, weil die Spanier ihn umgebracht hätten. Er und ich würden nun zusammen heilen, sagte er, denn das sei meine Aufgabe in diesem Leben.

Er begann, die Krankheiten zufällig anwesender Leute zu diagnostizieren und ihnen Kräuter und Heilverfahren zu verschreiben.

Eines Abends erwachte ich aus der Trance und sah, daß meine Hände mit frischem Blut bedeckt waren. Du kannst dir nicht vorstellen, was mir das für einen Schrekken eingejagt hat! Man erzählte mir, Hermanito habe sich einen Patienten angeschaut, angekündigt, dieser brauche eine Operation und ihn dann mit einem Küchenmesser aufgeschnitten. Der Patient verspürte keinerlei Schmerzen und erholte sich schnell von Krankheit und Operation, aber die Leute waren aufgebracht. Sie sagten, ich sei verrückt, und sperrten mich für zwei Jahre in eine Anstalt."

Ihr Gesicht spiegelte deutlich die Schrecken dieser Jahre wider, und ihre Stimme hatte einen bitteren Unterton.

„Endlich wurde ich wieder freigelassen. Ich heiratete und bekam fünf Kinder. Zwei davon sind jetzt tot. Sie wurden krank und starben."

„Aber Pachita! Konnte Hermanito ihnen denn nicht helfen?" rief ich überrascht aus.

„O doch", antwortete sie leise, „aber er tat es nicht. Er sagte, es sei Gottes Wille, daß sie die Erde verlassen; ich müsse diesen Verlust wegen meines Karmas ertragen. Ich war so wütend auf Hermanito, daß ich ihm wochenlang nicht erlaubte, zu mir zu kommen. Aber schließlich bekam er mich mit seiner Hartnäckigkeit wieder herum.

Dann verließ mich mein Mann. Die Situation war für ihn unerträglich geworden – der Tod unserer Kinder, Tag und Nacht all die Menschen hier, kein Privatleben. Du hast ja gesehen, was hier los ist, kleine Tochter."

Ich nickte. Nur selten – wenn überhaupt – hatte Pachita einen Augenblick Zeit für sich. Ständig kam jemand an die Tür, der Hermanitos Hilfe suchte. Dabei erlebte ich nie, daß sie jemanden wegschickte.

„So, kleine Tochter, jetzt weißt du es. Hermanito ist nun sechsundvierzig Jahre bei mir. Er hat durch mich wunderbare Heilungen vollbracht, aber ich weiß nicht, wie lange das noch dauern kann. Ich bin inzwischen alt, krank und sehr müde geworden, Johanna. Ich spüre nicht mehr die Energie, die ich einmal hatte. Das macht es für Hermanito schwieriger, erfolgreich zu operieren. Ich glaube nicht, daß ich noch sehr viel Jahre lang gebraucht werden kann. Deshalb darfst du nicht entmutigt sein und mußt weiter lernen und arbeiten. Meine Söhne weisen meinen Umhang zurück. Sie sind zu sehr mit ihren eigenen Dingen beschäftigt, um sich für diese Arbeit aufzuopfern. Sie wird dir zufallen, Kleine, denn du bist begabt und willig. Ich werde dich alles lehren, was ich weiß."

„Aber Pachita, warum ...?" Die Frage wurde mir durch die Ankunft einer jungen Frau abgeschnitten, die ein sehr krankes Kind in ihren Armen hielt. Niemals wieder schien der rechte Augenblick zu kommen, um Pachita zu fragen, warum ich immer noch nicht als Trance-Medium arbeitete, wie Hermanito doch gesagt hatte. Ich legte den Mörser beiseite und folgte Pachita in den Altarraum.

Das Kind schrie vor Schmerz und Panik auf, als Hermanito ihm tief in seinen winzigen Nacken schnitt.

„Wir haben es fast geschafft, mein Kleiner“, sagte Hermanito besänftigend zu dem Jungen. „Versuchen Sie ihn noch einen Moment ruhig zu halten“, bat er die Mutter. „Es dauert nicht mehr lange. Reich mir dieses Glas da neben dir, meine Tochter ... ja, das ist es.“ Ich nahm den Deckel von einem kleinen Glas und hielt es ihm hin. Er fischte ein fünf Zentimeter langes Röhrchen heraus.

„Halt dem Jungen den Kopf fest, Chalio!“ befahl er und plazierte das Röhrchen unterhalb des Schädels in den Hals des Jungen. Der Kleine jammerte, als Hermanitos Finger in das Fleisch eindrangen. Anschließend legte Hermanito ein sauberes Mullstück auf die Wunde.

„Wir sind fertig, liebste Brüder. Das Röhrchen wird die überschüssige Flüssigkeit aus seinem Gehirn ableiten. Der Junge wird genesen.“ Die Mutter des Kindes fiel vor Hermanito auf die Knie und griff nach seiner Hand, um sie zu küssen. „Gott segne dich, Hermanito. Du bist ein Heiliger. Danke – danke!“ Tränen der Dankbarkeit strömten ihr über die Wangen.

„Steh auf, Kleine! Danke nicht mir! Jeder Dank gebührt meinem Vater dort oben.“ Als das Kind in eine Decke gehüllt hinausgetragen wurde, eilte die Mutter an seiner Seite.

„Geliebter Chalio, komm her! Ich habe eine Überraschung für dich.“ Hermanito saß auf dem Stuhl neben dem Altar. Für diesen Abend war es mit den Operationen vorbei.

„Sag mal, mein Sohn“, bat er in ernstem Ton, streckte seine Hand aus und musterte sie kritisch, „wie oft habe ich euch schon gesagt, ihr sollt meinem Fleisch nicht erlauben, diesen abscheulichen Nagellack aufzutragen?“

Alle im Zimmer lachten. „Oh, schon sehr, sehr oft, Hermanito“, kicherte Chalio.

„Aber sie ignoriert das Verbot völlig, nicht wahr? Und nicht einer von euch ist tapfer genug, sie zurechtzuweisen! Gib mir deine Hände!" befahl er mit ernstem Blick. Hermanito hatte hinter sich gegriffen und eine kleine Flasche mit tiefviolettem Nagellack vom Tisch genommen. Chalio wollte die Hände hinter seinem Rücken verbergen, weil er fürchtete, Hermanito hätte irgend etwas vor. Aber Hermanito packte doch eine der Hände und begann geschickt, Chalios Fingernägel zu bemalen.

„Aha!" lachte er fröhlich. „Ein Kunstwerk, oder? Jetzt habt ihr eine Vorstellung davon, geliebte Brüder, wie ich mich fühle, wenn ich hier eintreffe und meine Hände in einem derart entwürdigenden Zustand vorfinde. Das gilt auch für diese frivolen, fraulichen Haarspangen", wetterte er, zog sie sich aus dem Haar und schwenkte sie vor uns her. „Laßt euch das alle eine Lehre sein!"

Als ich am folgenden Abend Perrys Laken über das Feldbett breiten wollte, verkündete Hermanito:

„Nein, für diese Operation ist das Feldbett nicht stabil genug. Diesmal brauchen wir den Wohnzimmertisch."

Dr. Carlos und Chalio brachten den Tisch herein und stellten ihn mitten in das Zimmer. Ich breitete das Laken aus und half Perry, sich auf den Tisch zu legen. Anschließend stellte ich die Schüsseln und Mullstapel sowie zwei mit verschiedenen Materialien – vom Saugröhrchen bis zum Talkumpuder – gefüllte Plastikschachteln hinter mir in Griffweite bereit. Messer und Schere waren schon gesäubert worden und lagen neben der Watte.

Perry war ein ehemaliger Offizier der Armee, der seit seiner Entlassung in Mexiko-City lebte. Er litt schon seit Jahren an einem inoperablen Gehirntumor, der ihn zunehmend mit rasenden Kopfschmerzen und Übelkeit peinigte. Unterdessen hatten sich die Schmerzen ins Unerträgliche gesteigert, und er war sicher, daß er nicht mehr lange zu leben hatte.

„Sag ihm, er soll sich mit dem Gesicht zu dir auf die Seite legen, meine Tochter", wies Hermanito mich an. „Halte ihm die Hand und laß ihn sprechen!" Zusammen mit Dr. Carlos stellte sich Hermanito hinter Perry. Dann streckte er die Hand aus, und ich legte ein kleines Stück alkoholgetränkten Mull hinein. Hermanito rieb Perrys ganzen Kopf damit ab und streckte wiederum die Hand aus. Ich griff nach der Schere.

„Nein, Kleine. Gib mir zuerst das Messer." Mit einer einzigen, heftigen Bewegung stieß er es in Perrys Schädel.

Der Mann auf dem Tisch schnappte nach Luft.

„Haben Sie Schmerzen, Perry?" fragte ich ihn besorgt.

„Schmerzen nicht", antwortete er mit einem schwachen Lächeln. „Aber ich spüre, wie sich etwas in meinem Kopf bewegt. Das ist so komisch!" Er lachte nervös.

Einige Minuten lang machte sich Hermanito im Innern des Kopfes zu schaffen und schnitt mit der Schere, die ich ihm inzwischen gegeben hatte. Dann entwich dem klaffenden Loch in Perrys Schädel jener Gestank, den ich schon so oft bei Krebsoperationen gerochen hatte. Hermanito zog einen zähen, tropfenden Klumpen heraus und ließ ihn auf ein großes Stück Watte fallen, das Dr. Carlos ihm hinhielt.

„Ich kann nicht besonders gut sehen", sagte Perry, als die Wunde gerade anfing, sich zu schließen. Hermanito sah zu mir auf.

„Schau in Perrys Augen, Kleines. Schielen sie?" Sie schielten und zwar ganz extrem.

„Nun, so kann das natürlich nicht bleiben, oder?" Hermanito langte noch einmal in den Schädel hinein – und die Augen glitten in die normale Sehstellung zurück.

Ein paar Tage nach der Operation rief ich Perry an, um mich zu erkundigen, wie es ihm gehe. Er erzählte mir, die rasenden Kopfschmerzen und die Übelkeit seien zum ersten Mal seit Jahren vollständig verschwunden. Er könne essen und nehme an Gewicht zu. Er habe sogar wieder

Farbe bekommen, kurz, er fühle sich wunderbar. Sogar die Zahnschmerzen, die er während der Operation verspürt habe, seien weg. Als Papa ihm fast ein Jahr später über den Weg lief, berichtete er, es gehe ihm immer noch ausgezeichnet. Nicht eines von den alten Symptomen war wieder aufgetaucht.

Auch Don Ignacio, ein Notar, wurde durch Hermanito völlig geheilt. Drei Jahre lang hatten ihn schmerzhafte Verdauungsstörungen geplagt. Sie wurden von einem gutartigen Tumor ausgelöst, der am Magenausgang saß. Der Tumor war so groß, daß ich eine Schwellung an Don Ignacios Seite erkennen konnte, als er das Hemd auszog, um sich aufs Bett zu legen. Papa richtete dem alten Herrn das Kopfkissen zurecht.

„Machen Sie sich nur keine Sorgen um mich, Don Alberto", sagte er mit einem zuversichtlichen, friedvollen Lächeln zu seinem alten Freund. „Mir geht es gleich wieder gut. Hermanito hat einen direkten Draht zur göttlichen Quelle. Da kann nichts schiefgehen."

„Dieser Bruder hat kapiert, um was es geht", bemerkte Hermanito mit zustimmendem Lächeln. „Das ist ja fein."

Don Ignacios Operation war ein ausgesprochener Erfolg. Die Schwellung in seiner Seite verschwand, ebenso die schmerzhaften Symptome der Krankheit und kehrten nie wieder zurück.

Bobs Erfahrung war allerdings nicht so beglückend. Er war im Koreakrieg verwundet worden und seitdem querschnittsgelähmt. Obwohl er seine Zweifel hatte, beschloß er, Pachita aufzusuchen, als sich die Nachricht von ihren Fähigkeiten allmählich in der amerikanischen Gesellschaft verbreitete.

Hermanitos Urteil über Bobs Zustand verwunderte uns: die Lage sei nicht hoffnungslos. Zwar würde Bob noch sehr viel Geduld benötigen und außerdem sich mindestens zwei Operationen unterziehen, um die abgestorbenen Nerven in seiner Wirbelsäule zu ersetzen, aber er würde dann wieder gehen können.

Bobs Operation war schmerzhaft. Ich habe nie begriffen, warum einige, die Hermanito unter dem Messer hatte, keine Schmerzen spürten, während andere offensichtlich geradezu Höllenqualen erlitten. Bob ertrug die Schmerzen mutig und hielt sich in den nächsten Wochen an die Behandlungsvorschriften und die nachoperativen Tees, die – wie Hermanito betonte – für die Ernährung der neu eingepflanzten Nerven unverzichtbar waren. Von Zeit zu Zeit berichtete er begeistert von einem neuen Gefühl in seinen Beinen und Füßen. In der Überzeugung, er würde bald wieder gehen können, ermutigte ich ihn, Glauben und Standhaftigkeit zu bewahren.

Bobs zweite Operation war – wenn das überhaupt ging – noch schmerzhafter als die erste. Ich hielt das für ein gutes Zeichen – einen Hinweis auf den wiederhergestellten Gefühlssinn in seinem Rücken. Zum zweiten Mal legten wir ihn mit dem Gesicht nach unten auf eine Matratze in unserem Krankenwagen und fuhren ihn heim nach Cuernavaca, dieses Mal allerdings ohne den kostbaren Tee. Der *hiervero* hatte sich mit der Lieferung eines wichtigen Bestandteils verspätet. Es sollte am nächsten Tag verfügbar sein. Aber irgendwie standen wohl die Signale auf rot, und es kam nie bei Bob an. Jeder Fortschritt kam zum Stillstand. Er blieb an seinem Rollstuhl gefesselt.

Ähnlich erging es der Schriftstellerin und Dichterin Virginia Hammond. Sie hatte sich zwei Wirbel gebrochen und die Bandscheiben gequetscht, als sie eines Abends auf einem Läufer ausgerutscht war. Damals war sie gerade siebzehn Jahre alt. Und nun quälte sie sich seit Jahren mit beständigen, stechenden Schmerzen herum und hatte sich schon insgesamt sechzehn Operationen an der Wirbelsäule unterzogen, bevor sie Hermanito aufsuchte. Sie berichtet:

„Ich hatte von den in verschiedenen Teilen der Erde ausgeführten, sogenannten ‚übersinnlichen Operationen' gehört, in deren Verlauf der Heiler am ‚Astralleib' – das ist der unsichtbare ‚Körper' – arbeitet. Ich dachte, dies sei so etwas Ähnliches und ging wie viele andere zu Pachita, in der Hoffnung, geheilt zu werden. Als ich jedoch herausbekam, welche Art von Operation sie mit mir vorhatte, packten mich doch arge Zweifel und Befürchtungen. Ich hatte während des Diagnosebesuchs auch eine unangenehme Empfindung bezüglich Hermanito. Irgend etwas war falsch, geradezu finster an dem Wesen, dessen Gegenwart ich da spürte.

Aber Tom (der von Mind Control) und einige andere Freunde überzeugten mich aufgrund ihrer eigenen Erfahrungen und Beobachtungen der Vergangenheit, daß Hermanito ein äußerst gütiges Wesen sei. Sie versicherten mir, meine Wunderheilung würde nur ein paar Minuten dauern, die Wunde würde augenblicklich heilen und ich würde keinerlei Schmerzen haben.

Daher beschloß ich, mich nicht von meinen subjektiven Gefühlen beeinflussen zu lassen. Ich wünsche mir noch heute, ich hätte es doch getan! Die Hölle kann nicht viel schlimmer sein als die Erfahrung, die ich an diesem Abend gemacht habe.

Am Abend meiner Ankunft zur Operation zeigte mir Hermanito ein Glas mit mehreren Wirbeln von einer Leiche, die er gegen meine beschädigten austauschen wollte. Dafür hatte ich im voraus zweitausend Pesos bezahlt.

Als ich mich mit dem Gesicht nach unten auf das Feldbett legte, versicherte mir Hermanito noch einmal, ich würde keine Schmerzen haben. Aber dann spürte ich, wie das Messer in meinen Rücken eindrang – bis in die Wirbelsäule. Es war ein brennender, abscheulicher Schmerz. Ich schrie und schrie, aber er hörte nicht auf. Mindestens vier Mal fühlte ich, wie seine Finger etwas aus meinem

Rücken zogen und danach plötzlich etwas Scharfes und Hartes hineinstießen und zurechthämmerten.

Ich schrie weiter – schrie zu Gott. Jäh wurde mir bewußt, daß ich einem ausgesprochen bösen Wesen in die Hände gefallen war. Ich spürte seinen wilden Haß mir gegenüber. Die einzige Erklärung dafür ist, daß ich Christus sehr zugetan bin. Hermanito muß das gemerkt haben.

Endlich war alles vorüber, und ich wurde von mehreren Männern aus dem Altarraum getragen. Man hatte mir gesagt, die Wunde würde sich sofort nach der Operation schließen, aber der Riß in meinem Rücken wollte nicht heilen. Er war über fünfundzwanzig Zentimeter lang und mehrere Zentimeter tief. Er entzündete sich und blutete monatelang. Meine Tochter säuberte die Wunde regelmäßig so gut sie konnte; ich war zu ängstlich und beschämt, zu meinem Arzt zu gehen, denn ich wußte, daß er über diese Art Operationen nur spotten würde.

Nach Monaten des Gebets, des Siechtums und heftiger Schmerzen schloß sich die Wunde endlich, aber geheilt wurde ich nie. Im Gegenteil, der Zustand meiner Wirbelsäule verschlechterte sich nach der Operation noch ganz erheblich. Das einzige Wunder war, daß ich dieses schreckliche Ereignis überhaupt überlebt habe. Gott hat mir seine Hilfe als Antwort auf meine Gebete geschenkt, es war nicht Hermanitos Verdienst.“

Aufbruch

Im September 1972 hatte ich mehr als vierzehn Monate mit Pachita zusammengearbeitet. Ich hatte mir das Blut von über zweihundert Operationen von den Händen gewaschen und von der Beseitigung von Gehirntumoren bis zu Lungentransplantationen und der Ersetzung von Wirbeln alles gesehen. Ich hatte erlebt, wie im Verlauf von Fluchoperationen Dinge Gestalt annahmen und entfernt wurden, deren Vorhandensein noch unglaublicher und noch weniger logisch erklärbar war: eine ganze Handvoll lebender Würmer wurden aus dem Magen einer Frau herausgeholt; eine weiße Pfeilspitze aus dem Herzen einer anderen; ein schwarzer, pelzartiger Stein von der Größe einer Kinderfaust lugte aus der Kehle einer Sängerin, die ohne erkennbare Ursache von einem Tag auf den anderen ihre Stimme verloren hatte; ein weiterer, großer Stein, der mit langen schwarzen Haaren bedeckt war, wurde den Nieren eines Mannes entnommen; ganze Meter scheußlich vergammelter, blutbeschmierter Lumpen half ich Hermanito und Dr. Carlos aus dem Unterleib einer Frau herausfummeln.

Sogar Mama und Papa hatten bei einer dieser Operationen assistiert. Ein Junge – nicht älter als sechzehn oder siebzehn – wurde von seiner Familie hereingeführt. Er war von Geburt an stumm. Die Ärzte standen diesem Phänomen ratlos gegenüber. Hermanito erklärte der Familie, daß ein mächtiger Fluch auf das Kind gelegt worden sei, während es noch im Leib seiner Mutter war. Urheber des Fluchs sei eine neidische Verwandte gewesen, die selbst keine Kinder bekommen konnte. An diesem Abend solle der Fluch, der die Kehle des Jungen gebunden halte, gebrochen werden.

Der Junge wurde angewiesen, sich mit dem Gesicht zum Altar auf den Stuhl zu setzen.

„Kommen Sie, Don Alberto! Sie werden mir zusammen mit dem lieben Doktor bei dieser Operation assistieren."

Papa schien verblüfft zu sein, stellte sich aber an Hermanitos Seite. Mutter hielt sich im Hintergrund auf, die Handtasche fest an die Brust gepreßt. Ich wußte, daß sie gegen ihren Willen hier war. Von Anfang an hatte sie die anwesenden Geister gespürt, die sie ängstigten. Außerdem äußerte sie Bedenken dagegen, daß man Loblieder auf Hermanito sang. Sie sagte, Hermanito habe bei verschiedenen Gelegenheiten, wenn der Name Gottes angerufen wurde, *soy yo, soy yo* (Das bin ich, das bin ich) gemurmelt. Am Abend von Davids Operation war sie ebenfalls dagewesen. Sie wußte, daß er gestorben und nur mit Mühe wieder ins Leben zurückgebracht worden war. Auch der Ort jagte ihr Angst ein. Aber von Zeit zu Zeit bestand Hermanito nun einmal darauf, daß ich sie mitbrachte, und die befürchteten Folgen einer Ablehnung seiner Aufforderung erschreckten sie mehr als die Schrecken der Anwesenheit.

Hermanito schlitzte dem Jungen die Kehle auf, nahm Papas Hand und schob sie in das klaffende Loch.

„Da, fühlen Sie diesen Klumpen dort, Don Alberto?" Papa nickte. „Gut, gut – und wenn Sie jetzt merken, daß er sich löst, dann ziehen Sie ihn heraus. Na los! Keine Angst!"

Papa zog mühsam irgendein kloßförmiges Zeug heraus, das vom Doktor in dunkles Papier eingewickelt, zusammengebunden und auf den Altar gelegt wurde. Danach fuhr Hermanito wieder mit der Hand in die Wunde.

„Ich brauche einen winzigen Schlüssel. Jemand in diesem Zimmer hat einen!“

Niemand bewegte sich.

„Nun macht schon, liebste Kinder! Wir können hier nicht die ganze Nacht so stehenbleiben! Er ist in der Handtasche“, fügte er hinzu, ohne sich direkt an jemanden zu wenden.

„Oh! *Ich* habe ihn!“ rief Mutter aufgeregt. Sie zog ihren Schlüsselbund aus der Handtasche. Es war ein kleiner Messingschlüssel dabei.

Hermanito nahm ihn, schob ihn in das Loch und drehte ihn wie in einem Schloß um.

Nachdem der Junge verbunden worden war, befahl ihm Hermanito zu sprechen. „Sprich mir jetzt nach: ‚Pachita‘.“ Nach einem langen Augenblick sprach der Junge zögernd und mit heiserer Stimme sein erstes Wort: „Pa-chi-ta.“

Die Familie des Jungen brach in Tränen aus.

„Wunderbar! Nun den Name des Doktors – ‚Dr. Carlos‘ ... genau! Jetzt Don Robertos Name“ („Alberto“, korrigierte Papa). Sogar Papas Augen wurden feucht, als der Junge freudig seinen Namen aussprach. Der Fluch war gebrochen.

Während der Fluchoperationen wurden fast immer zwölf Menschen aufgefordert, sich in einem Halbkreis um das Bett aufzustellen und Gott um Schutz zu bitten. Die entfernten Gegenstände wurden jeweils in dunkles Papier eingewickelt, verschnürt und mit einem glockenbesetzten Lederriemen versehen. Das derart gebundene, böse Paket kam dann auf den Altar, von wo aus es keinen weiteren Schaden mehr anrichten konnte.

„Weißt du, mein Kleines“, erklärte mir Hermanito einmal, „wenn eine Person einer anderen mit Macht etwas Böses wünscht, erreicht sie damit häufig, daß sich finstere

Wesen auf den Verfluchten konzentrieren. Sie können seinen Geist mit Pfeilen, Steinen, lebendigen Würmern oder Schlangen verwunden – mit vielen Dingen, die dem Körper und dem Verstand des Opfers großen Schaden zufügen. Durch Gottes Kraft bringe ich nun das Böse in den Leibern dazu, daß es sich materialisiert und entferne es. Um Mitternacht nimmt mein Fleisch es dann mit in die Berge, wo wir die Bösen zwingen, den Fluch aufzuheben.“ Hermanito seufzte. „Sie wissen nicht, was sie tun. Möge Gott sie doch erleuchten!“

Später erzählte mir Dr. Carlos von den Sitzungen in den Bergen, denen er manchmal beiwohnte. Es waren immer geistliche Kämpfe, bei denen die Anwesenden, die sich in einem Gebetskreis um ein Feuer aufgestellt hatten, häufig aus dem Nichts mit Steinen, Dreck oder Schießpulver beworfen wurden. Es fiel einfach von oben auf sie herab und traf mit wenigen Ausnahmen alle Beter, bis das finstere Paket endlich eingegraben oder vom Feuer verzehrt war.

„Manchmal hört man die Geister die Nacht über wütend heulen. Es ist besser, wenn du gar nicht erst dort hingehst“, hatte Dr. Carlos mir geraten. Ich stimmte ihm zu. Trotz meiner Neugier und meines Lerneifers hatte ich wirklich nicht das Bedürfnis, diesen Wesen noch häufiger zu begegnen.

Ich hatte ja noch genügend Zeit zu lernen, wie man die düsteren Gestalten ans Licht bringt. Vielleicht trifft es aber eher zu, daß ich mich noch nicht für würdig hielt, solche Dinge tun zu dürfen. Ich war trotz aller Dinge, die ich im vergangenen Jahr gelernt hatte, immer noch kein Trance-Medium, obwohl Hermanito das vorausgesagt hatte. Ich kam nicht so voran, wie ich sollte, wie Hermanito es von mir erwartete. Zwar hatte er über mein Versagen nicht mit mir gesprochen, aber ich spürte seine Enttäuschung und war deswegen irgendwie beschämt.

Aber es gab da noch ein paar andere Sachen, über die ich mir Gedanken machte. David war gestorben! Hermanito hatte gesagt, daß David weiterleben würde, und dennoch war er vier Monate nach der Operation an Krebs gestorben. Zu allem Überfluß erfuhr ich, daß auch weitere Behandlungen, die Hermanito erfolgreich durchgeführt hatte, nur vorübergehend anschlugen. Vielleicht lag es daran, daß Pachita – wie sie selbst ja angedeutet hatte – inzwischen alt und krank war. Vielleicht lag die Ursache aber in der Tatsache begründet, daß ihr Verhältnis zum Geld immer mehr von Kompromissen geprägt wurde. Sie hatte einigen aus ihrer Umgebung gestattet, für ihre Dienste und für die Medizin riesige Summen von den Patienten zu verlangen.

Aber noch ein anderer Punkt blieb mir unverständlich, nämlich warum Hermanito – auch wenn er darüber scherzte – Pachita so grausam behandelte, ihr niemals neue oder hübsche Kleider erlaubte und es ablehnte, sie zu behandeln, wenn sie selbst krank war – was jetzt häufiger vorkam. Auch das „Karma" schien mir dafür nur eine armselige Ausrede zu sein. Und um Pachita herum fiel die Familie auseinander. Das, was ich an Frieden dort wahrgenommen hatte, zerfiel im Laufe der Monate zusehends und machte beinahe ständigen Spannungen und Zankereien unter den Kindern Platz.

Es war mir zu hektisch geworden. Die Vision war nicht mehr so klar, wie sie bei meinem ersten Besuch hier gewesen war. Ich mußte einfach eine Weile verschwinden, um Zeit für mich selbst zu haben, mich mit Gott auszutauschen und herauszufinden, wie mein weiterer Weg aussehen sollte.

Am Morgen des 7. September kam ich zu Pachita, um mich zu verabschieden.

„Ah, es ist schön, dich zu sehen. Ich habe dich in der letzten Zeit vermißt. Geht es dir gut?" Pachita klopfte mir auf die Schulter, als ich durchs Tor kam. „Komm, laß uns Kaffee trinken!" Wir gingen in die winzige Küche, und ich ließ mich an dem vertrauten Tisch nieder. Pachita goß mir dampfenden Kaffee und Milch in einen Becher und ließ sich auf den Stuhl neben mir fallen. „Es ist gut, daß du gekommen bist, Johanna. Hermanito hat Bescheid gegeben, daß er heute abend noch operieren will."

„Ich kann nicht hierbleiben, Pachita."

Pachita setzte ihren Becher ab und sah mich an.

„Ich werde für einige Zeit verschwinden – nach England. Ich bin gekommen, um mir deinen und Hermanitos Segen zu erbitten."

„Wie lange willst du fortbleiben, Tochter?"

„Nur zwei Monate vielleicht, Pachita. Dann komme ich wieder."

Pachita sah mich lange nachdenklich an, sagte aber nichts. Ich griff nach ihren Händen.

„Wirst du mich im Gebet begleiten, Pachita?"

„Das werde ich, Tochter, natürlich. Und ich werde Hermanito bitten, auf dich aufzupassen", fügte sie leise hinzu. „Ich gebe dir meinen Segen. Geh mit Gott!"

Ich küßte sie auf die Wange und ging.

Die folgenden Monate waren bestimmt von den samtgrünen, englischen Wiesen, die von alten Schlössern und düsteren Türmen bewacht wurden; in steingrauen, kalten Kathedralen hallten die Schritte längst verstorbener Pilger wider; weiße Marmorgräber und edelsteinfarbiges Glas; das Gefühl des vor sich hinbrütenden Bösen, das Winchester Cathedral erfüllte – ein Schimmer von in Kutten gekleideten Mönchen und der Geruch des Todes; die schwachen Seufzer und das Geraschel mitten in der Nacht in meinem Zimmer; der panische Schrecken, als ich eines Abends die Badezimmertür in meinem Hotel in Edinburgh öffnete und einen dickbauchigen Mann blutverschmiert in der Badewanne liegen sah – den Kopf zurück, die Kehle durchgeschnitten, klaffende Wunden in der Brust.

Als ich entsetzt zurückwich, verblaßte diese Szene gleich wieder. Ich eilte in mein Zimmer, verbarrikadierte die Tür und fiel neben meinem Bett auf die Knie. „Gott, ich weiß, daß du bei mir bist. Ich weiß ja, daß du mich beschützt. Aber, Herr Jesus, ich bin so verwirrt. Warum habe ich wieder solche Angst? Warum sehe ich wieder solche Horrorszenen? O Gott, beschütze mich, leite mich! Ich bin in deinen Händen, Vater. Bitte schenke mir deinen heiligen Frieden!" Mein Körper zitterte, aber keine Träne rann über meine Wangen. Einen winzigen Zinnengel, den ich immer bei mir trug, an mich gedrückt, schlief ich ein. Früh am nächsten Morgen wechselte ich das Hotel.

Schließlich fuhr ich nach Florenz, wo ich meine Schwester besuchen wollte. Sie wohnte dort seit ihrem College-Abschluß schon einige Monate. Offen gestanden, ich sah dem Besuch mit gemischten Gefühlen entgegen. Ich vermißte sie zwar, aber mir kamen auch Erinnerungen an hitzige theologische Diskussionen schnell wieder in den Sinn. Als entschiedene Christin war Kim sicher, daß all meine Lieblingsaktivitäten, insbesondere Yoga (ich hatte ungefähr ein Jahr Hatha-Yoga gelehrt und Raja-Yoga gelernt), Mind Control und Psychochirurgie vom Teufel waren, und das sagte sie mir auch. Ich wiederum war mir sicher, daß sie eine beschränkte, fanatische, ewig auf die Bibel pochende Evangelikale war, die ein echtes Wunder von Gott nicht einmal erkennen würde, wenn es sie auf der Straße umrennen würde.

Ich war jedenfalls in meinem Leben lange genug von finsteren Wesen terrorisiert worden, um zu wissen, woher sie kamen. Aber nun erlebte ich durch die Meditation, Pachita und meine Ratgeber wunderbare Dinge – Wunderheilungen, wiederhergestellte Hoffnung, Dämonenaustreibungen. Zugegeben, es gab da ein paar Unstimmigkeiten, die ich mir nicht erklären konnte, aber trotzdem konnte der Teufel doch wohl nicht heilen, oder? Gewiß würde er auch keine Dämonen austreiben. Und vor allem: sagt die Schrift nicht, daß ein mit sich selbst entzweites Haus keinen Bestand hat? Ich hatte das Böse kennengelernt; ich hatte die Gegenwart des Heiligen gespürt. Ich wußte um den Unterschied. Was Pachita tat, mußte einfach von Gott sein.

Ich war erst ein paar Tage mit Kim in Florenz zusammen, da wurde dieser Diskussionsfaden – nicht ganz unerwartet – wieder aufgenommen, und wir gerieten aneinander. Diesmal allerdings wandte Kim eine leicht geänderte Taktik an. Sie stellte Fragen – Fragen, die nun etliche von meinen eigenen Zweifeln widerzuspiegeln begannen.

„Du sagst, du könntest den Unterschied zwischen bösen und guten Geistern erkennen. Aber warum bist du so sicher, daß deine Sinne nicht betrogen wurden? – Gut, Pachita führt erstaunliche Operationen aus. Aber wie kannst du sicher sein, daß Gott ihre Kraftquelle ist? – Du sagst, du glaubst an Jesus – aber an welchen? Woher weißt du, daß der Jesus, den du in deinem Labor siehst, der Jesus aus der Bibel ist? – Woher weißt du, daß die Dämonen wirklich ausgetrieben werden? Könnte es nicht sein, daß sie sich nur verstellen?“

Wenigstens mir selbst gegenüber mußte ich gestehen, daß ich es wirklich nicht wußte. Das einzige Argument, auf das ich noch zurückgreifen konnte, war meine Erfahrung – meine Gefühle und meine Wahrnehmungen. Ja, ich hatte die Meister gelesen und studiert – Edgar Cayce, Allan Kardec ... Ich konnte beredte Erklärungen abgeben, wenn man mich über Reinkarnation, Karma, kosmisches Bewußtsein, Astraldimensionen und übersinnliche Erscheinungen befragte. Aber wenn es ernst wurde, mußte ich erkennen, daß es kein zuverlässiges, wahrhaft objektives Verfahren gab, dem Ursprung des Ganzen auf die Schliche zu kommen. Und das störte mich. Konnte ich wirklich sicher sein, daß Gott der Ursprung der Wunder war? Ich hatte keinen unverrückbaren Maßstab, an dem ich meine Erfahrungen messen konnte.

Meine Philosophie war zugegebenermaßen eine Promenadenmischung. Ich hatte alles genommen, was mir aus dem Hinduismus, dem Spiritismus und dem Christentum in den Kram zu passen schien. Den Rest hatte ich gleichgültig unter den Tisch gekehrt. Damals kam mir diese Methode gar nicht so widersprüchlich vor. Letztendlich gab es ja von diesen Philosophien fast so viele Versionen wie Anhänger (und ist nicht – so wird es doch oft behauptet – in einem relativistischen Universum jeder Weg zu Gott gleich viel wert, „solange man aufrichtig ist"?).

Was mich selbst anbetraf, so bot mir meine eigene, spezielle Mischung nur Vorteile. Sie gab mir nun einmal die einfachsten und logischsten Antworten auf viele meiner Fragen.

Die Ausübung des Yoga hatte meinem Leben Disziplin und festen Halt gegeben. Die Stunden der Übung und der Meditation öffneten mir Geist und Verstand für eine präzisere Wahrnehmung meiner Einheit mit dem göttlichen Licht – mit dem Bewußtsein von der Macht Christi. Und diese Erkenntnis erfüllte mich mit Zutrauen und Frieden, wie ich sie nie zuvor erfahren hatte.

Ich war nicht mehr die hilflose Schachfigur in den Händen unterentwickelter, finsterer Kräfte, sondern konnte mein Schicksal selbst lenken, wenn ich nur lange und hart genug daran arbeitete. Ich konnte mein Karma reinigen und den endlosen Kreis der Wiedergeburten durchbrechen. Während der Meditationen kamen mir lebhafte Szenen von wenigstens fünfzehn verschiedenen Inkarnationen in den Sinn – zusätzlich zu denen, die ich schon vor Jahren wahrgenommen hatte. Sie gaben mir ein tieferes Verständnis dessen, was ich zu opfern und zu erleiden hatte, um die vollkommene Einheit mit Gott zu erlangen.

Dazu war meine Arbeit als Medium bei Pachita das perfekte Hilfsmittel. Weit fortgeschrittene Geistwesen – wie etwa Hermanito Cuauhtémoc – gebrauchten und leiteten mich auf meinem Weg zu Gott. Ich pries mich glücklich, daß sie mich ausgesucht hatten, Zeugin einer so Ehrfurcht einflößenden Macht zu sein.

Über allem aber stand mein Glaube an Jesus Christus. Er war mein Guru, mein Leiter, Ratgeber und Herr; er war der Heilige Gottes, der weit über allen anderen *Avataren* (Verkörperungen von Gottheiten) stand, der Eine, der mir die Gnade erwies, in mein Labor zu kommen, um sich mit mir auszutauschen und mir Visionen von unbeschreiblicher Verzückung zu geben. Für mich war er durch seine Lehren und sein Beispiel der höchste Weg zu Gott ... aber nicht notwendigerweise jedermanns Weg. Kein Mensch konnte einen höheren Weg oder einen herzlicheren Meister finden, aber jeder hatte seinen eigenen Weg zu suchen. Vielleicht paßte ein anderer Herr zu einem anderen Leben besser. Wie sollte es auch in einem mit solcher Vielfalt erfüllten Universum anders sein?

Und trotzdem! Wenn Kim aber nun doch recht hatte? Wenn meine Sinne manipuliert worden waren? Wenn irgendein hervorragender, böswilliger Kopf sich die Wunder und die ekstatischen Visionen ausgedacht hatte, um mich in die endgültige Verdammnis zu locken? Kurz: was, wenn ich schief lag?

Zum ersten Mal blieb ich bei dem freundlichen, aber beharrlichen Ansturm von Kims Fragen still und ruhig. Schließlich hörte sie auf und griff nach meiner Hand. „Schau mal, Johanna, warum fährst du nicht für ein paar Wochen nach L'Abri in die Schweiz? Os Guinness ist dort einer der Berater. Er weiß viel über diese Dinge. Vielleicht kann er dir dabei behilflich sein, alles besser einzuordnen."

Ich sah abrupt auf. L'Abri! Das war der letzte Ort auf der Welt, den ich näher kennenlernen wollte. Im Frühjahr war ich zufällig mit Edith Schaeffer in Acapulco zusammengetroffen. Die Begegnung war für uns beide alles andere als vergnüglich oder lehrreich. Ich war nicht darauf aus, das noch einmal zu erleben.

Dr. Schaeffer, der L'Abri zusammen mit seiner Frau Edith als Ort für christliche Studien und christlichen Dienst gegründet hatte, hielt einige Vorträge im Acapulco Princess Hotel. Kim bat unsere Familie, mitzukommen und sich ihn anzuhören. Wir hatten schon lange zuvor von den Schaeffers gehört, denn Kim hatte während ihres ersten College-Jahres im Ausland einige Zeit bei ihnen zugebracht. Unsere Neugier gewann die Oberhand gegenüber der Skepsis, und so gingen wir mit.

Offensichtlich in der Hoffnung, die Schaeffers könnten vielleicht etwas von sich geben, das Mama, Papa und mich wegen Mind Control und Pachita wieder „zur Besinnung" bringen würde, brachte Kim es fertig, daß wir nach einer von Dr. Schaeffers Unterrichtsstunden beim gemeinsamen Essen mit Edith zusammensaßen. Das Thema der Unterhaltung wechselte bald vom Wetter zur Theologie und zum Okkultismus. Soweit ich mich erinnere, war ich trotz ihrer freundlichen Worte gefährlich nahe daran, sie ähnlich zu betiteln, wie ich es bereits mit meiner Schwester getan hatte: eine beschränkte, geistlich unterentwickelte, uneinsichtige und gesetzliche Fundamentalistin, die einfach nicht in der Lage war, die Unermeßlichkeit der Offenbarungen des Göttlichen zu begreifen. Edith erbleichte etwas unter der warmen Sonne Acapulcos, aber taktvollerweise sagte sie nichts mehr zu diesem Thema. Trotzdem beschwor der Name L'Abri jetzt in mir zu Unrecht das beklemmende Bild von Dutzenden von „Feuer-und-Hölle-Predigern“ herauf, die mir an die Kehle fahren und mich zu bekehren versuchen würden, noch ehe ich überhaupt zur Tür hereingekommen war.

„Nun schau nicht so gequält drein!“ lachte Kim. „Ich will ja nicht, daß du für immer einziehst; fahr einfach ein paar Tage hin und sprich mit Os. Es wird doch wohl nicht schaden, ihm zuzuhören. Außerdem fährt der Zug auf dem Weg zurück nach England sowieso durch die Schweiz.“

Ich atmete tief durch. „Okay. Ich gehe. Wer weiß, vielleicht gibt es da wirklich etwas für mich.“

Zu meiner Erleichterung erschienen die geifernden Horden nicht, die ich bei meiner Ankunft in L'Abri erwartet hatte. Trotzdem, an diesem ersten Abend schrak ein Mädchen beim Essen bei der versehentlichen Enthüllung, daß ich Yoga lehrte, sichtbar zusammen und erwiderte: „Weißt du denn nicht, daß das vom Teufel ist?“ Ich wußte, daß sie auch nur Gast war und nicht zu den Mitarbeitern gehörte, und sah deswegen darüber hinweg. Wenigstens war ich schlau genug, nicht auch noch mit Pachita zu kommen, so daß mir mehrere Tage relativ friedlicher Anonymität vergönnt waren, bevor ich mich entschloß, mit Os und Sheila Bird (der Seelsorgerin, mit der ich auf Vorschlag von Kim zusammenkommen sollte, ehe ich zu Os ging) zu sprechen.

Sonntag morgen nach dem Gottesdienst ließ ich mir von jemandem „Birdie“ zeigen. Sie war eine kleine Frau, vermutlich um die vierzig. Ich beobachtete ihr Gesicht, während sie mit einem jungen Mädchen sprach. Sie hatte strenge, aber dennoch gütige Augen. Als ich näher kam, blickte Birdie mich flüchtig an und hörte dann mitten im Satz auf zu sprechen. „Du mußt Kims Schwester sein!“ rief sie. Ich nickte.

„Kim hat vor ein paar Tagen angerufen. Os und ich

haben dich schon erwartet. Kannst du heute nach dem Mittagessen in mein Chalet kommen?"

Birdies Chalet lag hoch oben am Ende eines Weges, der sich gemütlich den Berg hinaufschlängelte. Manche Stellen grenzten direkt an den Abgrund. Bis ganz unten hin schien es ziemlich weit zu sein.

Meine Schritte wurden langsamer, als ich mich dem Chalet näherte. Ich verspürte wachsenden Widerwillen, mit ihr zu sprechen, und war versucht, statt dessen ein bißchen durchs Dorf zu gehen. Meine gute Erziehung siegte jedoch, und ich kam pünktlich an.

Birdie führte mich in ein winziges, kuscheliges Zimmer und brachte mich schließlich mit viel freundlicher Überredung dazu, daß ich ihr von den Wesen und den Erscheinungen erzählte, die mein Leben ausfüllten. Ich sprach gerade über meine College-Jahre, als sie sagte: „Weißt du, wenn du wahrhaft an Jesus geglaubt und die Waffen benutzt hättest, die er uns zur Verfügung gestellt hat, dann hättest du das nicht alles durchmachen müssen."

„Aber das muß ich doch gar nicht mehr, Birdie!" rief ich aus. „Seit dem letzten Jahr, seit Mind Control, Yoga und Pachita habe ich es in der Gewalt. Wenn irgend etwas Schreckliches auftaucht, gehe ich einfach tiefer in die Meditation oder rufe Jesus oder Hermanito, und die Bösen verschwinden. Ich *lerne* doch, Gottes Waffen zu gebrauchen!"

Birdie nickte nur. „Erzähl mir von Pachita und diesem Mind Control!"

Nachdem ich fertig war, schwieg sie einige Minuten lang. „Nun, Johanna, ich kann begreifen, warum du so glaubst, wie du es nun einmal tust. Aber irgend etwas an dem, was Pachita da macht, beunruhigt mich. Laß uns jetzt trotzdem nicht mehr darüber sprechen. Ich möchte, daß du zuerst den nächsten Tag damit verbringst, das Johannesevangelium und den ersten Johannesbrief zu lesen. Das wird eine gute Grundlage für unser nächstes Gespräch sein."

Auch mir erschien der Vorschlag durchaus vernünftig. Zurück in meinem Chalet, hockte ich mich gleich mit einer neuen Bibel in eine Ecke und öffnete sie beim Johannesevangelium.

„Im Anfang war das Wort, und das Wort war bei Gott, und das Wort war Gott. Dieses war im Anfang bei Gott. Alles wurde durch dasselbe, und ohne dasselbe ..."

Unvermutet packte mich eine totale Erschöpfung. Minuten zuvor war ich noch vollkommen wach gewesen. Aber nun wurde ich dermaßen müde, daß ich buchstäblich die Augen nicht mehr aufbekam. Die Worte schienen alle ineinander zu zerfließen. „Ich werde mich ein bißchen hinlegen. In der Bibel kann ich ja später noch lesen", dachte ich. Ich machte es mir gemütlich und versank für Stunden in einen tiefen Schlaf, bis schließlich jemand vorbeikam und mich zum Abendessen rief. Den ganzen nächsten Tag verbrachte ich in meinem Zimmer mit vergeblichen Leseversuchen. Ich schaffte aber nie mehr als ein paar Worte, dann überwältigte mich mein Verlangen nach Schlaf.

Als ich mich schließlich am Dienstag wieder mit Birdie traf, war ich immer noch nicht über die ersten vier Verse des Johannesevangeliums hinausgekommen.

„Da bin ich gar nicht so überrascht", sagte Birdie vieldeutig, als ich ihr von meinem Mißerfolg erzählte. „Warum bleibst du heute nicht zum Lesen hier? An diesem Ort herrscht ein anderer Geist. Ich glaube nicht, daß du diesmal irgendwelche Schwierigkeiten haben wirst, wach zu bleiben."

Sie hatte recht. In der Vergangenheit hatte ich den ersten Johannesbrief und die Evangelien schon einige Male gelesen, aber noch nie hatten mich die Worte so getroffen wie jetzt. Der Jesus, dem ich in dieser Bibel begegnete, war nicht nur lebendig und real, sondern von gewaltiger Macht und Majestät. Ein einziges gesprochenes Wort von ihm reichte aus, um Heilung oder Befreiung zu schaffen. Ungeachtet dessen, was ich davon hielt, war sein Anspruch, die einzigartige Verkörperung Gottes zu sein, unmißverständlich. Vers für Vers wurde deutlich, daß es ohne ihn keine Vergebung der Sünden gab.

Als ich den letzten Vers des Johannesevangeliums gelesen hatte, war ich erschüttert und verwirrt. Wenn das, was ich soeben gelesen hatte, stimmte, dann waren alle meine Überzeugungen vom Karma und dem Weg zur Einheit mit Gott falsch. Beides gleichzeitig konnte nicht sein. Die Ansprüche Jesu waren zu absolut. Und wenn ich in meinem Glauben an Jesus danebenlag, dann konnte es gut sein, daß ich auch bei allem anderen irrte.

Im Gegensatz zu meinem ruhig erscheinenden Äußeren war ich innerlich in Aufruhr, als ich später bei Os Guinness eintraf. Einerseits verlangte ich verzweifelt nach der Wahrheit, andererseits wollte ich mich immer noch zurückziehen und die ganze Sache vergessen. Os erklärte mir den unvereinbaren Gegensatz zwischen östlichen Religionen und der biblischen Sicht von Gott, Errettung und Jesus. Er erzählte von den körperlichen und geistlichen Gefahren des Okkulten und berichtete, wie seine Frau und er des öfteren von dämonischen Mächten angegriffen worden seien, als sie für ein Buch mit dem Titel „Asche des Abendlandes“ ein Kapitel über Okkultismus schrieben. Still saß ich dabei und hörte zu. Ich hatte ihm so viele Fragen stellen wollen, und jetzt hatte ich alles vergessen. Ich war unfähig, irgend etwas zu sagen und hatte sogar Mühe, mich auf das, was er sagte, zu konzentrieren.

Wahrscheinlich sah mein Gesicht in diesem Moment genauso leer aus, wie ich mich fühlte, denn Os sah mich ziemlich komisch an und sagte: „Äh, vielleicht wäre es besser für dich, wenn du erst einmal ein paar von meinen

Kassetten anhörst, bevor wir uns weiter unterhalten. Höre zuerst ‚Der Osten – kein Ausweg' ab, dann ‚Auf den Spuren des Unheimlichen'. Du findest die Kassetten in der Bücherei. Ich werde für zwei Tage nicht da sein, bin aber Donnerstag abend wieder zurück. Wenn du Fragen hast, komm doch Freitag morgen vorbei, okay?"

„Der Osten – kein Ausweg" war die erste Untersuchung der philosophischen Zwangslagen östlicher Weltanschauungen im Vergleich zur christlichen Alternative, die mir wirklich etwas zu sagen hatte. Während ich immer geglaubt hatte, Hinduismus und Christentum stünden miteinander vollkommen im Einklang (Swami Vivekananda hatte gesagt: „Wir halten alle Religionen für wahr"), betonte Os, daß die beiden Anschauungen – von Einklang weit entfernt – sich in bezug auf ihre grundlegenden Auffassungen von Gott, Moral und Persönlichkeit völlig entgegengesetzt gegenüberstünden. Os räumte zwar ein, einige Gurus verbreiteten, die Lehren „des gesegneten Herrn Jesus Christus" würden hervorragend zum Hinduismus passen. Dieser Anspruch lasse jedoch wissenschaftliche Aufrichtigkeit vermissen. Diese Gurus – so fuhr Os fort – rissen Sätze wie „Das Reich Gottes ist mitten unter euch" aus dem Zusammenhang und ignorierten gleichzeitig in eklatanter Weise weniger genehme Aussagen wie etwa: „Ich bin der Weg und die Wahrheit und das Leben. Niemand kommt zum Vater als nur durch mich" (Johannes 14,6). Dieser Punkt erregte meine Aufmerksamkeit ganz besonders, war es doch eine der Aussagen Jesu, mit denen ich lange zu kämpfen gehabt und die ich hinwegzuerklären versucht hatte. Die Behauptung war mir zu intolerant und zu kleinkariert, um irgend etwas anderes darstellen zu können als eine falsche Übersetzung oder eine Fehlinterpretation der Bibel. Dennoch waren der erste Johannesbrief und das Johannesevangelium voll solcher Aussagen:

„Und darin besteht das Zeugnis, daß uns Gott ewiges Leben gegeben hat, und dieses Leben ist in seinem Sohne. Wer den Sohn hat, der hat das Leben; wer den Sohn Gottes nicht hat, der hat das Leben nicht" (1. Johannes 5,11-12).

„Und wenn jener (der Heilige Geist) kommt, wird er die Welt überzeugen von Sünde und von Gerechtigkeit und von Gericht, von Sünde, weil sie nicht an mich glauben" (Johannes 16,8-9).

„Denn das ist der Wille meines Vaters, daß jeder, der den Sohn sieht und an ihn glaubt, ewiges Leben habe; und ich werde ihn auferwecken am letzten Tag" (Johannes 6,40).

„Darum habe ich euch gesagt, daß ihr in euren Sünden sterben werdet; denn wenn ihr nicht glaubet, daß ich es bin, so werdet ihr in euren Sünden sterben" (Johannes 8,24).

Die Zeitgenossen Jesu begriffen offensichtlich die Absolutheit seiner Ansprüche. „Darum suchten die Juden noch mehr, ihn zu töten, weil er nicht nur den Sabbat brach, sondern auch Gott seinen eigenen Vater nannte und sich so selbst Gott gleichstellte" (Johannes 5,18).

Os faßte seine Untersuchung mit den Worten zusammen: „Es ist ganz klar, daß von seinen Aussagen her das Christentum die volle Wahrheit und Gültigkeit anderer Religionen ausschließt. Wenn das Christentum wahr ist, kann der Hinduismus nicht wahr sein. Selbst wenn es auf der Oberfläche so aussieht, als sei der Hinduismus toleranter, verlangen beide letzten Endes eine Entscheidung."

Unter dem Gesichtspunkt der Logik betrachtet, waren die Ausführungen von Os plausibel. Geistlich konnte ich sie jedoch nicht akzeptieren.

Es war, als würde mich ein riesengroßes, unüberwindliches Hindernis davon abhalten, festen Halt zu bekommen. In meiner Verzweiflung wollte ich plötzlich nur noch nach Hause fahren. Es war einfach zuviel für mich. Wie plausibel Os auf dieser Kassette oder Johannes in seinem Evangelium auch immer sein mochte, ich konnte es schlicht nicht akzeptieren. Ich fühlte mich von zwei mächtigen, unbarmherzigen Kräften zerrissen. Der Druck brachte mich schließlich auf die Knie.

Wiederum bat ich Gott, mir ein für allemal die Wahrheit zu zeigen. War Jesus nun der größte Avatar, derjenige, der den Weg wies? Oder vielleicht die größte Schöpfung des Vatergottes? Oder war er der alleinige, in menschlichem Fleisch gekommene Gott, der starb, um meine Sünden auf sich zu nehmen, wie das Johannesevangelium und Os und Birdie und Kim behaupteten? Arbeitete Pachita durch Gottes Kraft oder war ihre Quelle satanischer Art?

„Wenn du kannst, Gott, dann zeige es mir jetzt. Ich bin bereit, Pachita und Yoga und alles andere aufzugeben, wenn ich mich geirrt habe. Wenn aber nicht, dann werde ich diesen ganzen Unsinn beiseitelegen und bei Pachita weitermachen. O Gott, laß mich die Wahrheit erkennen!“ Ich hatte keine Ahnung, wie direkt Gott dieses Gebet beantworten würde.

Es war trübe und kalt, als ich am Abend des 15. November allein den schlüpfrigen Weg zu Birdies Chalet entlangging. Früh am Abend hatte es genieselt, aber nun verzogen sich die Wolken, und ein paar Sterne lugten hervor. Mit ein bißchen Glück schneit es noch, bevor ich abreise, dachte ich lächelnd. Gestern war ich nahe daran gewesen, die Schweiz mit dem nächstbesten Zug zu verlassen, hatte meine Meinung aber an diesem Morgen geändert. Ich durfte nicht fahren, bevor ich einige Antworten erhalten hatte. Auf diese Weise war vielleicht doch noch Zeit, den ersten Schnee des Jahres zu sehen.

Ich hielt inne. Ein dichter, schwarzer Nebel bildete sich um mich herum und ließ den Weg verschwimmen. Innerhalb von Sekunden konnte ich nichts mehr sehen. Der düstere Schleier wirbelte durcheinander, war lebendig und mit der Gegenwart von etwas erfüllt, das so furchtbar war, wie ich es noch nie erlebt hatte. Stimmen fingen an zu flüstern, zusammenhanglose Worte zu zischen und mir ins rechte Ohr zu lachen. Ein eiskalter Hauch legte sich unter meinem Haar auf den Nacken.

„Hermanito, hilf mir!“ keuchte ich. Die Stimmen kreischten vor Lachen.

„Wir bringen dich jetzt um!“

Ich geriet in Panik und rannte los. Ein Schlag wie von einer riesigen Faust krachte mir zwischen den Schultern in den Rücken. Im Stockdunkeln stürzte ich nach vorn und streckte die Arme aus, um meinen Fall abzubremsen. Meine Finger bekamen den Ast eines kleinen Strauches zu fassen und klammerten sich daran fest. Ich versuchte laut, „Jesus!“ zu schreien, aber eine eiserne Hand klammerte sich um meine Kehle und würgte das Wort ab. Ich konnte nur noch innerlich „Jesus – Jesus, hilf mir!“ rufen.

„Er kann dir nicht helfen!“ kreischten die Stimmen. „Er kann dir nicht helfen!“

Aber plötzlich löste sich der Griff um meine Kehle – die Dunkelheit verschwand. Ich konnte wieder das Licht von Birdies Chalet am Ende des Weges sehen.

Birdie bekam große Augen, als ich ins Zimmer platzte. „Was um alles in der Welt ist los mit dir?“ rief sie.

„Ich weiß es nicht, Birdie“, antwortete ich, immer noch zitternd, „aber ich habe schreckliche Angst.“

Birdie drängte mich in ihr kleines Gebetszimmer und schloß die Tür. Sie nahm meine Hände zwischen die ihren und fing an zu beten. Ich versuchte, mich auf ihre Worte zu konzentrieren, aber auf einmal schienen sie von ganz weit her zu kommen. Mir wurde schwindelig. Ich öffnete die Augen. Der ganze Raum schien von einem riesigen, zeitlupenhaften Wirbelwind erfaßt worden zu sein und sich immer rundherum zu drehen. Wieder erhoben sich Stimmen. Ich drehte meinen Kopf in Richtung auf das dunkle Fenster und erstarrte. Draußen konnte ich die in unbeschreiblicher Wut verzerrten und entstellten Fratzen unzähliger Dämonen erkennen.

„Was gibt es, Johanna?“ Birdies Stimme war gedämpft, als käme sie aus großer Entfernung.

„Siehst du sie denn nicht, Birdie?“ stieß ich hervor. „Kannst du ihre Gesichter nicht sehen?“

„Nein“, hörte ich sie sagen, „aber ich kenne den Einen, der es kann. Dämonen, in dem Namen des Jesus Christus gebiete ich euch: verschwindet! Ich verbiete eure Anwesenheit hier! Ich stelle uns unter den Schutz des Blutes Jesu! Geht, wohin Jesus euch haben will.“

Augenblicklich verschwanden die Fratzen. Der Raum hörte auf, sich zu drehen, und wurde mit einem Frieden erfüllt, der all meinen Verstand überstieg. Sie waren fort.

Ich wußte, daß dieses Geschehen eine direkte Antwort auf mein Gebet war. Gott hatte mich die Quellen meiner Praktiken buchstäblich sehen lassen. Mörderische, dämonische Wut war die Reaktion der Geister auf meine bevorstehende Entscheidung gewesen, Jesus Christus so zu akzeptieren, wie er ist, und nicht wie ich meinte, daß er sein solle. Dazwischen liegt ein feiner und dennoch großer Unterschied. Es gab immer noch so viele Dinge, die ich nicht verstand, so viele unbeantwortete Fragen, aber ich wußte ohne jeden Zweifel, daß ich mich in bezug auf Jesus geirrt hatte.

Ich wollte gleich beten, um ihm noch einmal mein Leben zu seinen Bedingungen zu übergeben, aber Birdie zögerte. Sie sagte, ich solle besser warten, bis Os dabeisein könne. Vielleicht dachte sie verständlicherweise, ich sei besessen, und sie benötige die Anwesenheit eines weiteren starken Christen, um den Kampf aufnehmen zu können. Ich war fraglos schwer belastet, aber die Dämonen hatten niemals Besitz von mir ergriffen. („Da ist ein großer Geist, der auf dich aufpaßt“, hatte Hermanito einmal gesagt. Der bittere Ton in seiner Stimme machte jetzt Sinn.)

Den größten Teil des Abends und des nächsten Tages verbrachte ich mit Beten und Bibellesen. Dienstag abend kam dann wieder ein Angriff. Ich wollte mir vor dem Treffen mit Os und Birdie am folgenden Morgen die Kassette „Auf den Spuren des Unheimlichen“ anhören. Die Kassette war erst ein paar Minuten gelaufen, als wieder diese undurchdringliche Finsternis den Raum erfüllte und von allen Seiten die Angst mit eiskalten Händen nach mir griff. Wieder wurde mir die Kehle zugeschnürt, als ich Jesus anrufen wollte. Ich zwang meinen Körper aufzustehen und ging ins nächste Zimmer, die Augen vor Schreck weit aufgerissen, aber unfähig, den dasitzenden Mädchen auch nur ein Wort zu sagen. Sie drängten mich, Birdie anzurufen, aber als sie den Hörer abnahm, brachte ich nur ihren Namen heraus.

„Sie sind wieder da, nicht wahr?“ sagte sie. „Ich habe einen schwierigen Seelsorgefall hier, eine Selbstmorddrohung, und doch hatte ich vor zwanzig Minuten den Eindruck, als wollte Gott, daß ich für dich bete. Stell dich unter den Schutz des Blutes Jesu, Johanna. Widerstehe ihnen. Ist noch jemand bei dir?“

„Ja.“ Nur mit Mühe konnte ich das Wort sprechen. Ich spürte immer noch diese Hand an der Kehle.

„Laß sie für dich beten. Ich rufe so bald wie möglich zurück.“

Die Mädchen beteten für mich. Nach einer Weile konnte ich mich selbst unter den Schutz des Herrn stellen. Als Birdie zurückrief, war die Bedrängnis gewichen.

Am folgenden Tag, dem 17. November 1972, morgens um zehn Uhr, unterstützten Os und Birdie mich im Gebet, als ich meinen Verwicklungen in das Okkulte absagte und Jesus Christus als meinen Herrn und Erretter annahm. Niemals wieder sollte ich der Finsternis allein gegenüberstehen.

Neubeginn

„Das ist ja das Albernste, was ich je gehört habe", wetterte Vater. „Du hast über ein Jahr mit Mind Control und Pachita zusammengearbeitet. Du warst hundertprozentig überzeugt, daß dies alles Gottes Werk ist. Du hast es sogar geschafft, daß ich es auch glaube! Und nun willst du alles hinwerfen, weil du auf irgendeinem Berg etwas erlebt hast! Ich kann es einfach nicht fassen, Jo. Wie oft habe ich Kim und dir gesagt, ihr sollt nicht so wankelmütig sein! Erst hast du Klavier und Gitarre fallengelassen, dann unsere Gemeinde, dann das Theater. Und jetzt dies. Du kannst doch nicht dein Leben lang von einer Sache zur anderen hüpfen!" Papa war völlig außer sich.

Es war schon merkwürdig, daß er es so sah. Er hatte doch auch manchmal gemerkt, wie uns nach einem Treffen bei Pachita etwas schrecklich Böses im Auto nach Hause begleitet hatte – eine Macht, die uns die Vorstellung aufdrängte, wir würden über die Klippen in den Tod fahren. Sogar meine Katze war von dem Wesen erfaßt worden, als wir sie einmal mitgenommen hatten. Wie konnte er nur verlangen, daß ich damit wieder anfangen sollte?

„Ich weiß nicht. Vielleicht hat er seine Gründe", dachte ich unangenehm berührt. Ich wünschte, Os oder Birdie wären bei mir, damit ich darüber sprechen könnte. Aber sie befanden sich Tausende von Kilometern entfernt in der Schweiz. In Cuernavaca kannte ich niemanden, den ich um Rat hätte aufsuchen können. In den Wochen seit meiner Ankunft zu Hause war alles durcheinandergelaufen. Ich wußte, daß ich nicht wieder zu Pachita zurückkehren konnte. Die Erinnerung an jene Nacht auf dem Berg war zu lebendig. Aber womöglich war es zu voreilig von mir gewesen, auch Mind Control aufzugeben. Dazu war mir in L'Abri nichts Bestimmtes gesagt worden. Vielleicht war es nur eine neutrale Technik – abgesehen von den Ratgebern natürlich. Die würde ich nicht mehr rufen, beschloß ich, sondern die Fälle ab jetzt selbständig deuten. Ich ging wieder zurück in die Gruppe.

Die Ergebnisse waren sehr überraschend. Genauigkeit und Menge der Informationen, die ich auf übersinnliche Weise bekam, versetzten sogar mich in Erstaunen. Es war, als wären die Übertragungskanäle neu eingestellt und erweitert worden. Ich fragte mich verblüfft nach dem tieferen Sinn. Konnte es doch sein, daß Gott diese übersinnlichen Kräfte billigte – vielleicht sogar die von Pachita? Unter Umständen hatte ich das, was in L'Abri geschehen war, falsch ausgelegt.

Gott hatte mir fraglos das wahre Wesen seines Sohnes geoffenbart. Das konnte ich jetzt von ganzem Herzen annehmen. Aber wenn ich mich nun mit der Schlußfolgerung, alles andere sei dämonisch, geirrt hatte? Gott würde mir doch gewiß nicht erlauben, wieder Fälle zu deuten – und dann auch noch so erfolgreich! – wenn das nicht von ihm wäre. Ich stellte mich jetzt immer unter seinen Schutz, wenn ich mit einem Fall begann; ich nutzte jede Gelegenheit zum Zeugnis für Jesus. Die Realität und Macht der Gegenwart Jesu war mir immer bewußt, denn jedesmal, wenn ich seinen Namen anrief, mußten die Dämonen, die mich immer noch verfolgten, fliehen. Die Angriffe waren schlimm und kamen häufig, aber ich wußte, daß der Meister bei mir war und mich beschützte. Er würde es bestimmt nicht zulassen, daß ich noch einmal betrogen werden würde. Dennoch verblaßte im Laufe der nächsten Monate die frohmachende Freiheit der Anbetung und der Gemeinschaft mit Gott, die ich in L'Abri erlebt hatte.

Verzweifelt suchte ich in der Bibel nach Antwort. Waren meine übersinnlichen Deutungen und Pachitas Arbeit von Gott oder hatte ich mich schon wieder von dem großen Betrug einfangen lassen?

Einer nach dem anderen sprangen sie mir ins Auge: Verse aus 2. Mose 22, 3. Mose 20 und 5. Mose 18. Die Worte waren deutlich, und trotzdem verwirrten mich diese Absätze nur noch mehr. Ich beschloß, jemanden mit der Gabe der Unterscheidung der Geister ausfindig zu machen, um die Angelegenheit ein für allemal zum Abschluß zu bringen. Eine Freundin, mit der ich immer noch Hatha-Yoga betrieb, empfahl mir, mit jemandem zu sprechen, den sie kannte, einem katholischen Priester. Der verwies mich gleich an Pater Navarro vom katholischen Zentrum in Mexiko-City. Am 15. März 1973 ging ich ihn besuchen.

„Das ist eine schwierige Frage, die Sie mir über diese Pachita gestellt haben", sagte Pater Navarro mit einem Stirnrunzeln in seinem sonst freundlichen Gesicht. „Ich weiß die Antwort nicht und kenne auch niemanden, der in dieser Angelegenheit wirklich Unterscheidungsvermögen besitzt. Aber vielleicht wird Gott Ihnen ja selbst die Erkenntnis schenken, um die Sie gebeten haben."

Als ich ein paar Tage später in der Anbetung war, schien etwas in mir aufzubrechen, und eine Flut von Worten und Lobliedern strömte zu freudigem Lobpreis Gottes aus mir heraus. Kurz danach hatte ich während meiner Gebetszeit den Eindruck, ich solle die Geister prüfen, wie in 1. Johannes 4,1 geschrieben steht. Ich suchte mein Labor auf und ließ meine Ratgeber kommen.

„Du bist nicht der Jesus aus der Bibel, oder?" forderte ich die „Jesus"-Gestalt heraus, die im Schatten vor mir stand. Keine Antwort. Seine Augen waren geschlossen. Mamacita stand nahe bei ihm. „Dann gebiete ich dir im Namen des Jesus Christus aus Nazareth: Sag mir, ob du glaubst, daß Jesus Christus der alleinige, im Fleisch gekommene Gott ist!“

Ein gewaltiger Blitz – wie von einer mächtigen Bombe – brachte die Wände meines mit Gold und Amethyst besetzten Labors zum Einsturz. Als ich aufsah, waren meine Ratgeber verschwunden. Noch einmal schaute ich mir die Worte aus dem dritten und fünften Buch Mose an. Endlich war die Angelegenheit erledigt. Die Werke eines Mediums waren vor Gott ein Greuel. Weder die übersinnlichen Wahrnehmungen bei Mind Control noch Pachitas Arbeit hatten ihren Ursprung in Gott.

Einige Zeit später beschloß ich, die Gaben des Heiligen Geistes auf die gleiche Weise zu überprüfen. Ich hatte nämlich häufig gesehen und gehört, wie Pachita in einer unbekannten Sprache redete, wenn sie unter Hermanitos Kontrolle stand. Offensichtlich war das also nicht unbedingt eine Offenbarung des Heiligen Geistes. Ich war schon früher betrogen worden und hielt es für möglich, daß auch meine Fähigkeiten in dieser Richtung nicht von Gott waren. Ich erinnerte mich an die „Sprache“, die mir vor Jahren während der Schauspielproben eingefallen war. Sollte es dieses Mal ähnlich sein, würde es vermutlich von allein verschwinden, genauso wie mein Theatergeschwätz. Wenn meine Gabe der „Sprachen“ aber wirklich vom Herrn war, dann würde sie den Test bestehen. Ich sagte meinem Herrn, ich wolle keine Gabe und keine Fähigkeit, die nicht von ihm sei. Ich bat ihn, mir alle übersinnlichen Fähigkeiten wegzunehmen, falls ich noch welche hatte – und sollte sie in diese Kategorie fallen, dann auch die Gabe der Sprachen.

Pater Navarro nickte zustimmend, als ich ihm das alles erzählte. „Was Sie getan haben, war gut. Jede wirkliche

Gabe Gottes wird diesen Test überstehen. Haben Sie eigentlich Ihre okkulten Bücher und Gegenstände mitgebracht, wie ich es Ihnen gesagt habe?" Ich nickte bejahend.

„Fein! Vergewissern Sie sich, daß von diesen Dingen nichts in Ihrem Haus zurückbleibt. Sie könnten zu Anziehungspunkten für die Dämonen werden. Diese hier werde ich jedenfalls sofort verbrennen."

Im Juni des Jahres 1973 erreichte ich eine weitere entscheidende Wegmarke. Campus für Christus hielt einen sechswöchigen Intensivkurs zur Bibel ab. Trotz einer Abneigung gegen ihre – wie mir schien – schablonenhafte Art, das Evangelium darzustellen, entschloß ich mich mitzumachen. Es war eine der besten Entscheidungen meines Lebens. Durch die Lehrgänge wurden mir nicht nur die grundlegenden Hilfsmittel zum Beginn eines systematischen Bibelstudiums vermittelt, ich fand auch die Gemeinschaft, die ich so dringend benötigte. Besonders ein Lehrer und seine Frau, Warren und Diane Willis, standen mir sehr nahe. Ihr Unterricht, ihre Liebe und ihre Anteilnahme wurden mir zu einer gewaltigen Ermutigung. Es gab noch eine andere Familie, die mir half, diese wilden Tage durchzustehen: Swede und Judy Anderson, die damals den südamerikanischen Zweig von Campus für Christus leiteten. Valerie, Tiffany und Matthew, ihre drei Kinder, waren meine ganz besonderen „Schmusekätzchen" und brachten viel Lachen und Kameradschaft in mein Leben.

Zweierlei war in diesen sechs Wochen bei Campus für Christus von wesentlicher Bedeutung. Erstens begriff ich langsam, daß ich in meiner Anerkennung der Schrift als Offenbarung absoluter Wahrheit keineswegs auf elegante Art intellektuellen Selbstmord begangen hatte.

Zweitens traf ich Dr. Walter Martin. Dr. Martin lehrte über Sekten und Okkultismus. Er und seine drei Kinder

Brian, Denny und Jill riskierten in meinem alten schwarzen Ford tapfer Leib und Leben, während ich sie im Gewande einer „Reiseleiterin" fröhlich kreuz und quer durch die Landschaft schleppte. Ich verstand mich ausgezeichnet mit ihnen.

Es ist seinem Vorschlag zu verdanken, daß ich trotz der niederdrückenden Wirkung einen Stapel meiner Tagebücher, Notizen und Kalender durchsiebte, um das Material für dieses Buch auf Band zu sprechen. Dieses Unternehmen fand statt, als ich zum dritten Mal an Gelbsucht erkrankt war. Deshalb waren die sich ergebenden Tonbänder auch nicht ganz vollständig oder zusammenhängend, aber die Abschrift, die Walter davon gemacht hat, hat sich seither als wertvolle Grundlage erwiesen.

Indirekt war Walter auch für die Richtung verantwortlich, die mein Leben danach einschlug. Er traf Kim auf einem Vortrag, den er im Oktober 1973 in Oklahoma hielt. Sie war gerade aus Europa heimgekehrt und sich noch nicht ganz sicher, was sie als nächstes tun wollte. Er schlug ihr vor, sich am *Light and Power House* zu bewerben, damals eine kleine Bibelschule, die von Hal Lindsey und einer Gruppe von Leuten aus dem Dallas-Seminar gegründet worden war. Das Haus lag in der Nähe der Universität von Los Angeles in Westwood, Kalifornien. Sie ging hin und empfahl mir bald darauf, mich ebenfalls zu bewerben. Damit wartete ich ein Jahr lang, weil ich in dem Immobiliengeschäft meines Vaters wohl noch nicht genügend Verwüstung angerichtet hatte. Als wir vier (Mama, Papa, das Geschäft und ich) schließlich übereingekommen waren, schickte ich meine Bewerbung an das *Light and Power House* ab und wurde für den Herbst 1974 angenommen.

Je mehr ich mich in das Studium der Heilsgeschichte, der Textkritik und -analyse, der systematischen Theologie und der Prophetie vertiefte, desto mehr Ehrfurcht bekam ich vor der festen, sachlichen Grundlage, die es für meinen Glauben gab.

Gott benutzte die Zeit auch dazu, mich Lektionen auf anderen Ebenen zu lehren – was die zwei Jahre, die ich als Studentin dort verbrachte, in gewisser Hinsicht ganz schön aufreibend werden ließ. Mein Hintergrund der hingebungsvollen Abkapselung und die Aura allgemeiner Kauzigkeit, die mir anhing wie Schwefelgeruch, komplizierten die recht ungewohnte Aufgabe, Freundschaften aufzubauen. Außerdem hielten mich manche wegen meines offensichtlichen Hanges zu streunenden Katzen und meiner Bemühungen um deren Wohlergehen für „psychisch instabil"; andere, die dem Gedanken der Schulphilosophie zu diesem Thema nicht besonders nahe standen, meinten gar, ich sei „von einem Katzendämon besessen".

Es stimmte: ich hatte während langer Jahre zu Katzen erheblich mehr Liebe und Zutrauen entwickelt als zu Menschen. Gewiß können Katzen zurückhaltend und teilnahmslos sein, wenn sie von Leuten aufgezogen werden, die das von ihnen erwarten. Für mich aber waren sie faszinierende, reizende, bepelzte kleine Freunde. Ich verstand sie und respektierte sie. Im Gegenzug gingen sie mit einer Zuneigung auf mich ein, die man gewöhnlich Hunden zuschreibt. Vor die Wahl gestellt, hätte ich in der Regel ihre Gesellschaft derjenigen der meisten Menschen, die ich kannte, vorgezogen.

Die Folge war, daß man mich in den christlichen Kreisen, die ich nun häufig aufsuchte, bezüglich eines Rendezvous nicht gerade für äußerst geeignet hielt. Zwar entwickelten sich mit der Zeit einige engere, tragende Freundschaften mit Brüdern aus dem Haus, aber in den viereinhalb Jahren seit der Trennung von Beck hatte ich mich nicht öfter als fünf oder sechs Mal verabredet. Gelegentlich war ich einsam, aber ich hatte inzwischen gelernt, mit der Einsamkeit zurechtzukommen.

„Das liegt in Gottes Hand", antwortete ich, als ich während eines Treffens im Haus nach meinen Gefühlen zu diesem Thema gefragt wurde. „Ich muß zugeben, daß ich mich lieber öfter verabreden würde, aber vor ein paar Wochen habe ich beschlossen, daß es mir auch recht sein soll, wenn Gott es vorzieht, daß ich für den Rest meines Lebens ledig bleibe. Es hat eine Menge Vorteile, wenn man nicht gebunden ist. In der Tat, ich mag es, allein zu sein. Gott weiß jedenfalls, wie ich ihm am besten dienen kann." Und so meinte ich es auch.

Genau zwei Wochen nach dieser Ankündigung, am 19. April 1976, traf ich Randolph.

Wenn man es richtig betrachtet, wurde Randolph infolge einer Krebskrankheit Christ. Er war schon zweimal wegen des Melanoms an seiner Schulter operiert worden. Die Krankheit hatte bereits auf das Lymphsystem übergegriffen; man erwartete nicht, daß er überleben würde.

Die Nachricht traf ihn schwer. Schon seine Mutter war an Krebs gestorben, als er siebzehn war. Aber nach einigen Tagen des Kampfes war er entschlossen, sich nicht unterkriegen zu lassen. Er entschied, es sich in der verbleibenden Zeit schön zu machen. So flog er zum Segeln in die Karibik, zum Surfen nach Malibu und verbrachte zusammen mit seinen Kindern an den Stränden von Hawaii viele Tage damit, echte Muscheln auf Schnüre aufzuziehen. Er hatte sich mit dem Tod abgefunden.

Als jedoch das nächste Jahr kam, änderte sich die Prognose; er sollte nun doch eine gute Überlebenschance haben. Es war eine gute Nachricht, aber seine Reaktion darauf überraschte selbst ihn. Er liebte sein Leben. Trotz einer zerbrochenen Ehe war es voller Aufregung und Abenteuer gewesen. Er war um die ganze Welt gereist, besaß Patente für verschiedene Erfindungen, führte eine eigene Tauchschule und arbeitete als Ingenieur bei der Marine am Projekt Glomar Explorer mit. Und dennoch, als er sich nun mit der Aussicht konfrontiert sah, wieder in dieses Leben zurück zu können, verspürte er irgendwie Enttäuschung. Plötzlich schien alles so leer zu sein.

An diesem Punkt beschloß er, ernsthaft nach Gott zu suchen, um herauszufinden, was er ihm – wenn überhaupt – zu sagen hatte. Nach Monaten des Analysierens, Lesens und Betens und nach einer Reihe von erstaunlichen Ereignissen, die nur der Hand Gottes zugeschrieben werden können, nahm Randolph im August 1975 den Herrn als seinen Heiland an.

Acht Monate später trafen wir uns an der Bibelschule während einer Vortragsreihe von Hal Lindsey über Auffassungen vom Dienst.

Randolph war von einem Lehrer zu den Vorträgen eingeladen worden, der gar nicht so recht wußte, warum er ihn eigentlich bat hinzugehen. Er hatte lediglich das Gefühl, das Gott an diesem Tag dort etwas für Randolph bereithalten würde. Und das hatte er auch: mich. Sechs Monate und drei Tage später fand bei Kerzenlicht die Trauung statt.

Für die nächsten dreieinhalb Jahre befand sich unser Heim auf Rädern. Von einem Ende zum anderen war es exakt 7,20 Meter lang. Wir tauften es „Arche" und konnten dieses winzige Apartment bald so steuern, daß es sich mit der Grazie einer Ballerina bewegte. Wir waren uns von den Interessen und der Persönlichkeit her so ähnlich, daß die räumliche Begrenzung nur noch mehr unsere Kameradschaft und Liebe verstärkte. Wir teilten alles miteinander – Bücher, einen ausgeprägten Sinn für Humor, die Liebe zu klassischer Musik und Katzen, unsere Gedanken ... die nicht immer übereinstimmten und gelegentlich zu lebhaften Wortwechseln führten. Auch schauten wir uns gegenseitig neue Interessen ab; ich lernte beim Surfen in Malibu, auf dem Brett zu tanzen (man hat mir gesagt, ich sähe ein bißchen seltsam aus mit meinen

Flossen und dem Gummianzug), und Randolph besuchte Museen mit mir. (Er hat außerdem gelernt zu kochen, zu bügeln, staubzusaugen und abzuwaschen.)

Am meisten aber verband uns unsere Liebe zum Herrn. Im Verlauf von Monaten wurde uns immer klarer, daß Randolph einen Ruf in den Dienst hatte. Er bewarb sich zum Herbst 1977 am *Christian Associates Seminary* (wie die Bibelschule jetzt hieß) und wurde angenommen.

Uns waren diese Studienjahre wertvoller als alles andere, was wir hätten tun können. Wir wußten, daß die Zeit im Seminar nicht nur Randolph mit der für den Dienst notwendigen Ausrüstung versehen würde, sondern auch unsere Beziehung zum Herrn und zueinander stärken würde. Mir selbst war es möglich, die Kurse im ersten Jahr zusammen mit ihm zu besuchen, seine Unterlagen abzutippen und nebenbei noch umzusetzen, was ich im Haus gelernt hatte.

Zwei Jahre später zogen wir von der Arche in ein kleines Apartment um. Hier sitze ich nun in der warmen Sonne Kaliforniens und schaue auf die Blumen in meinem Garten. Pachita und die Jahre des Schreckens scheinen weit entfernt zu sein. Die geistlichen Angriffe und Depressionen, die sogar noch während meines Aufenthalts an der Bibelschule sehr stark gewesen waren, ließen nach, als Randolph und ich täglich eine gewisse Zeit im Gebet verbrachten. Gott hat mich durch diesen Mann, den er mir zu meinem Schutz gegeben hat, so viel über seine Gnade, seine bedingungslose Liebe und Annahme gelehrt.

Als wir uns dann einer Gemeinde im Westen von Los Angeles anschlossen, wurde unserem Leben eine ganz neue Dimension der Anbetung und der Gemeinschaft hinzugefügt.

Aber Wachstum ist ein Prozeß. Es hat Zeiten gegeben – viele –, in denen ich zum Stillstand gekommen bin und dem Feind ermöglichte, mich für eine Weile zu bearbeiten, noch bevor ich begriffen hatte, was vorging. Es braucht Zeit, durch die Erneuerung des Sinnes umgewandelt zu werden.

Pachita habe ich nie wiedergesehen. Sie starb im April 1979.

Samtene Klauen

Ich habe diese Geschichte nicht aus Narzißmuß heraus geschrieben. Es war für mich eines der schwierigsten Dinge, die ich je unternommen habe, all die dunklen Tage meiner Vergangenheit beim Schreiben des Lebensberichtes noch einmal zu durchleben. Diejenigen, die eine eigene okkulte Vergangenheit hinter sich haben, wissen bestimmt, was ich meine. Ich will mit der Erzählung auch nicht die Taten der Finsternis verherrlichen. Sollte jemand nach der Lektüre des Buches auf diese Idee kommen, müßte er sich fragen lassen, ob er wohl aufmerksam gelesen hat, was ich geschrieben habe. Ich teile meine Geschichte wegen der Zeitströmungen mit, die sich ereignen.

Mag sein, daß die folgenden Worte dem einen oder anderen schroff, vielleicht sogar moralisierend vorkommen. Sollte das tatsächlich der Fall sein, bitte ich Sie aufrichtig um Vergebung. Dennoch brauche ich mich vor dem Herrn für das, was ich in den folgenden Kapiteln zu sagen habe, nicht zu entschuldigen, denn ich glaube von ganzem Herzen, daß es die Wahrheit ist.

Diejenigen Leser, die sich mit Okkultem abgeben – oder abgegeben haben – und einen Weg aus der Dunkelheit suchen, und diejenigen, deren Freunde oder geliebte Menschen noch gebunden sind, werden die Bedeutung meiner Geschichte erfassen. In den letzten beiden Kapiteln dieses Buches habe ich einige der grundlegenden Prinzipien dargelegt, die ich in vielen Jahren harter Studien und persönlicher Erfahrung in bezug auf die Entschleierung falscher Propheten und Heiler und die Mittel und Wege zur Freiheit von okkulten Bindungen gelernt habe. Ich bete, daß diese Kapitel meinen Lesern Hilfe und Ermutigung sind.

Sicherlich gibt es aber viele, die niemals persönlich mit okkulten Dingen zu tun gehabt haben – oder sich dessen jedenfalls nicht bewußt sind – und sich fragen, was um alles in der Welt dieser Bericht mit ihnen zu tun hat.

Allerhand!

Okkultismus ist keine Modetorheit. Er ist nun einmal da und wird sich bis zur verheißenen Wiederkunft Jesu Christi immer mehr ausbreiten wie die Schlingpflanzen im Dschungel.

Ich glaube, die meisten von uns würden einen furchtbaren Schock bekommen, könnten sie eine ehrliche Bestandsaufnahme derjenigen Freunde, Kollegen und sogar Gemeindemitglieder einsehen, die in das Okkulte verwickelt waren oder sind, beziehungsweise okkulte Erlebnisse gehabt haben. Wegen der vorherrschenden Haltung der Ungläubigkeit und des Spotts, die man an vielen Orten vorfindet, sind die meisten schlicht im Verborgenen geblieben und behalten solche Dinge für sich. Dabei ist meine Geschichte unter Okkultisten nicht gerade ungewöhnlich.

Wenn Sie meinen, das Okkulte sei Ihnen nie zuvor begegnet, dann liegt das vielleicht daran, daß Sie es nicht als solches erkannt haben. Okkulte Praktiken treten häufig im Gewande höchst unschuldigen, sogar altehrwürdiger Zeitvertreibs auf.

Ich habe längst die Übersicht verloren, wie viele schon in schwerer dämonischer Knechtschaft lebende Menschen mir gesagt haben: „Oh, ich habe nie mit okkulten Dingen zu tun gehabt! Ich habe nur ein paar Mal mit dem Ouija-Brett herumgespielt!“ (oder mit dem Pendel, Tarotkarten, Astrologie, Kaffeesatzlesen, Séancen, Handlesekunst ...).

Das wäre etwa, als würde jemand sagen: „Oh, eigentlich bin ich gar nicht schwanger. Nur ein bißchen." Die Wirkung mag sich in Ihrem Leben nicht sofort zeigen, aber es besteht Aussicht, daß sie voll durchschlagen wird.

Wir dürfen nicht länger ignorieren, was um uns herum geschieht. Wir leben in der Endzeit, und die dreifache Warnung unseres Herrn hat sich mit Macht bewahrheitet: Falsche Christusse und falsche Propheten nehmen überhand, die Herde wird durch jeden Wind neuer Lehren auseinandergetrieben, und dämonische Geister wirken Wunder wie nie zuvor, seit Jesus auf der Erde wandelte (Matthäus 24,4; 11,24; Markus 13,4-6; 21,22). Sollte Ihnen das bisher nicht bewußt gewesen sein, werden Sie es gewiß noch erkennen.

Wie unsere Abwehrbereitschaft geschwächt werden soll

Mit größter Sorgfalt wird die Welt auf die Ankunft desjenigen vorbereitet, den die Schrift den „Menschen der Gesetzlosigkeit", den „Sohn des Verderbens" nennt, „dessen Ankunft gemäß der Wirksamkeit des Satans erfolgt, mit jeder Machttat und mit Zeichen und Wundern der Lüge" (2. Thessalonicher 2,3.9) – die Ankunft des Antichristen. Ich glaube, daß dieser Mann bereits irgendwo lebt und Satan Überstunden macht, um die Menschheit vorzubereiten, damit sie den satanischen Zeichen und Wundern, die er vollführen wird, als Wunder von der Hand Gottes zujubelt (Offenbarung 13,13).

Die Gastgeber von Talkshows überbieten sich, um das neueste übersinnliche Genie in Interviews zu Wort kommen zu lassen. Sendungen für Kinder sind vollgestopft mit Märchen über Geister, Kobolde und liebe kleine Mädchen und Jungen, die lernen, wie man Hexe und

Zauberer wird. Wunderdinge aus dem Weltraum bringen Kindern bei, übernatürliche Phänomene als Teil ihres Alltagslebens zu akzeptieren, ein Teil, der voller Freude und ohne Angst erlebt wird!

In fast jedem Spielzeugladen werden Ouija-Bretter verkauft. Es gibt kaum eine Zeitung in diesem Land, die nicht täglich das Horoskop veröffentlicht. Wöchentlich erscheinende Publikationen sind mit den neuesten Informationen über übersinnliche Wahrnehmungen und Voraussagen vollgepackt. Dutzende von Musikgruppen mit offen bekannten satanischen Bindungen (schauen Sie sich die Hüllen und Titel der Platten doch einmal an!) überfluten den Markt. Einige erheben sogar den Anspruch, ihre Aufnahmen seien rückwärts als Loblieder an Satan, ihren Herrn, zu hören. Gurus aus dem Osten überschwemmen das Land mit transzendentaler Glücksstimmung. Ihre Lehre vom Karma und der Reinkarnation – natürlich auf die Bedürfnisse des westlichen Massenkonsums zurechtgestutzt – ist von Millionen mit offenen Armen aufgenommen worden. Überall gibt es Yoga-Kurse. Viele große Einrichtungen bieten guten Glaubens Lehrgänge für Transzendentale Meditation, Zauberei und Parapsychologie an. Ich kenne eine Schule – zweifellos gibt es davon mehr als diese eine –, die den Schülern ihrer vierten bis sechsten Klassen unter anderem Lesestoff über Übersinnliches anbietet. Begründung: das Thema interessiere die Kinder. Die Geschichten tragen Titel wie „Geister und Unholde" und „Geheimnisse großer Magier".

Es mag gutgläubige, fähige Erzieher geben, die den Kindern auf diese Weise lediglich vermitteln wollen, wie sie mit dieser Schundliteratur umzugehen haben. Aber sie bringen damit unabsichtlich das geistliche Verderben ins Leben ungezählter Kinder.

Gerade die Kinder sind das Hauptziel von Satans Kampagne geworden. Ihr noch junger Verstand läßt sich leichter zur Annahme der Realität des Übersinnlichen formen und programmieren.

Die Los Angeles Times brachte eine Rückschau auf Steven Spielbergs Film „E.T.“. Danach wurden acht Männer mit sogenannter „UFO-Erfahrung“ zu einer Sondervorstellung von „E.T.“ eingeladen. Einige ihrer Kommentare in der nachfolgenden Diskussion und spätere Telefongespräche mit dem Journalisten machen deutlich, daß man sich zumindest eines Teils des wirklichen Zwecks solcher Filme und der Phänomene, von denen sie handeln, zunehmend bewußt wird.

„Das ist ein wahrheitsgetreuer Film, kein Märchen“, sagte einer. „Er ist Teil des notwendigen Prozesses, uns auf die Ankunft außerirdischer Wesen vorzubereiten.“

„Der Film ist Mittel zum Zweck“, meinte ein anderer. „Vieles davon ist Hokuspokus, aber er ermutigt das Publikum, die Furcht vor dem sogenannten Übernatürlichen abzubauen. Und was gibt es Geschickteres, als bei Kindern anzufangen?“

Seit Mitte der sechziger Jahre ist eine wahre Sintflut von okkultem Wissen und okkulten Phänomenen auf uns niedergegangen. Wußten Sie, daß mindestens fünfundsechzig Millionen Menschen in den USA in irgendeine Form okkulter Praktiken verwickelt sind, von Tarotkarten über Ouija-Bretter zu Astrologie, Spiritismus und unverblümter Satansanbetung? (Verglichen mit den Erfahrungen einiger dieser Leute ist meine Geschichte gar nicht so „hoffnungslos bescheuert“, wie manche gesagt haben.) Über dreißig Millionen Menschen haben sich mit Sekten eingelassen.

In den Jahren, in denen ich Vorträge zu diesem Thema gehalten habe, hat es mich immer wieder erschreckt, wie viele Gläubige – sogar Pastoren – im Hinblick auf diese teuflischen Intrigen und den Einfluß, den okkulte Praktiken auf die Gemeinde ausüben, völlig unwissend sind.

C.S. Lewis ist unter anderem durch ein äußerst treffendes, zugegebenermaßen abgenutztes Zitat aus seiner „Dienstanweisung für einen Unterteufel“ (Vorwort, S. 7) bekanntgeworden:

„Es gibt zwei Irrtümer über die Teufel, in die das Menschengeschlecht leicht verfällt. Sie widersprechen sich und haben doch dieselbe Auswirkung. Der eine ist, ihre Existenz überhaupt zu leugnen. Der andere besteht darin, an sie zu glauben und sich in übermäßiger und ungesunder Weise mit ihnen zu beschäftigen. Die Teufel selbst freuen sich über beide Irrtümer gleichmäßig. Sie begrüßen den Materialisten wie den Anhänger der schwarzen Magie mit demselben Vergnügen.“

Für beide Extreme gibt es in der Gemeinde von heute eindeutige Beispiele – und dazu noch zahlreiche Variationen. Unter dem Schutz der neo-orthodoxen und der liberalen Theologen sind viele – einschließlich der Pastoren – nicht mehr von der Existenz des Satans als Person überzeugt, geschweige denn von der Möglichkeit rein satanischer Erscheinungen. Die „naiven“, „unwissenschaftlichen“ Erwähnungen des Teufels und der Dämonen in der Schrift stören – genauso wie die Wunder Jesu, seine Göttlichkeit, die Jungfrauengeburt, sein Tod am Kreuz zu unserer Erlösung, seine leibhafte Auferstehung und die Lehre von der Dreieinigkeit Gottes. Die Tatsache, daß Jesus dem Teufel nach den Berichten der Bibel von Angesicht zu Angesicht gegenüberstand, muß als Beweis dafür herhalten, daß Jesus ein sehr gescheites und intelligentes, aber naives Kind seiner Zeit gewesen sei. Entweder hat er sich dem landläufigen Glauben unterworfen oder aufgrund akuten Vitaminmangels als Folge des vierzigtägigen Fastens irgendwelche schrecklichen Halluzinationen gehabt, wie der ehemalige Bischof Pike behauptet.

Es sind die Predigtkanzeln unserer Nation, von denen aus Gottes Wort auseinandergenommen und die Gemeinde mit der Karikatur eines bemitleidenswerten, weichlichen Jesus allein gelassen wird. Und dann bleiben solche zurück, „die eine Form der Gottseligkeit haben, deren Kraft aber verleugnen“ (2. Timotheus 3,5). Anschließend wundern wir uns noch, wenn unsere Kinder sich Drogen, Sekten oder okkulten Dingen zuwenden, um die Leere in ihrem Leben auszufüllen.

In den Fußstapfen des ehemaligen Bischofs Pike hat sich unter jenen „Hirten“ ein neuer Trend entwickelt. Während sie die Auffassung von einem Satan als Person und dessen dämonischen Scharen zurückweisen, rennen sie bereitwillig der Parapsychologie in die Arme. Die übernatürlichen Offenbarungen Gottes in der Schrift werden mächtigen Hellsehern und Medien zugeschrieben, unter denen – wie diese Leute meinen – Jesus an erster Stelle steht.

„Indem sie sich für Weise ausgaben, sind sie zu Narren geworden“ (Römer 1,22).

Das „Vogel-Strauß-Syndrom“

Andere glauben zwar an Jesus und sind von der Existenz Satans als Person überzeugt, rechnen aber so ziemlich jede Erscheinungsform des Okkultismus nicht etwa den „wissenschaftlichen“ Beweisen der Parapsychologie oder den durch Medien wirkenden Geistern Verstorbener oder dämonischen Eingriffen zu, sondern sprechen vielmehr von Fingerfertigkeit und seelischen Abnormitäten.

Zweifellos stimmt es, daß die meisten „okkulten Erscheinungen“ auf Betrug beruhen. Gewiß gibt es unechte Handliniendeuter, Astrologen, Hellseher, Medien und Okkultisten aller Schattierungen im Überfluß. Ihre „Kundgebungen“ können in der Tat häufig von denen imitiert werden, die sich auf Zauberkunststücke verstehen. Solche erfahrenen Zauberkünstler argumentieren, sie seien in der Lage, viele der Phänomene durch Fingerfertigkeit zu wiederholen und den Rest mit Psychologie zu erklären, und deshalb seien fraglos alle diese Phänomene betrügerischer Art. Da es diese Dinge also nicht gibt, so wird geschlossen, braucht man auch keine Angst vor ihnen zu haben. In gewissem Sinn haben Menschen, die auf diesem Standpunkt stehen, recht: Vor den Schwindlern brauchen wir wirklich keine Angst zu haben.

Wenn sich aber nun viele Okkultisten als Betrüger herausgestellt haben, beweist das leider nicht automatisch, daß sie es alle sind. Die Existenz einer Fälschung setzt schon per Definition das Original voraus. Ohne dieses ist eine Fälschung sinnlos.

Dämonische Wundertaten

Mit der Versicherung, Dämonen könnten keine Wunder vollbringen und kein Medium sei wirklich in der Lage, Offenbarungen übernatürlicher Art zu empfangen, steht man mit dem Zeugnis sowohl des Alten als auch des Neuen Testamentes auf Kriegsfuß. Vom ersten Buch Mose bis zur Offenbarung erwähnt Gott ein mächtiges Wesen, das er Satan nennt. Beständig warnt er uns vor dessen schrecklicher, bösartiger und zersetzender Kraft.

Wir lesen, wie die Zauberer des Pharao die Zeichen Gottes, die er durch Mose tat, wiederholten. Sie verwandelten ihre Stäbe in Schlangen, die Wasser Ägyptens in Blut, und ließen Frösche über das ganze Land kommen. Das sind eindrucksvolle Tricks in eindeutig betrügerischer Absicht. Aber es kam der Punkt, an dem sie nicht mehr fälschen konnten, nämlich bei Gottes Stechmückenplage. Durch ihr Versagen mußten sie zugeben: „Das ist Gottes Finger“ (2. Mose 8,19).

In 5. Mose 13 werden wir folgendermaßen gewarnt: „Wenn in deiner Mitte ein Prophet aufsteht, oder einer, der Träume hat, und er gibt dir ein Zeichen oder ein Wunder; und das Zeichen oder das Wunder trifft ein, von welchem er zu dir geredet hat, indem er sprach: Laß uns anderen Göttern nachgehen (die du nicht gekannt hast) und ihnen dienen; so sollst du nicht hören auf die Worte dieses Propheten oder auf den, der die Träume hat; denn der Herr, euer Gott, versucht euch, um zu erkennen, ob ihr den Herrn, euren Gott, liebet mit eurem ganzen Herzen und mit eurer ganzen Seele" (5. Mose 13,1-3).

Die hebräischen Begriffe „'ôwth" (Zeichen) und „môphêth" (Wunder) entsprechen den Worten, die Jesus in Matthäus 24,24 benutzt: „Denn es werden falsche Christusse und falsche Propheten aufstehen und werden große Zeichen und Wunder tun ..." Das Wort „'ôwth" ist im Griechischen zu „sēmĕiŏn" (Zeichen) geworden, das Wort „môphêth" zu „tĕras" (Wunder). Mit genau den gleichen Begriffen werden in den Berichten der Evangelien die Wunder Jesu umschrieben. Hal Lindsey, der das für mich ausfindig gemacht hat, folgert, daß diese Worte sich auf Wunder aus der Hand Gottes oder von Dämonen beziehen können, aber keinesfalls auf vorgetäuschte Zeichen und Wunder, wie erfahrene Zauberkünstler sie heutzutage inszenieren.

In Offenbarung 16,14 werden „Geister von Dämonen, die Zeichen tun" erwähnt, und der Antichrist selbst vollführt bei seiner Erscheinung „große Zeichen, daß er selbst Feuer vom Himmel vor den Menschen auf die Erde herabkommen läßt" (Offenbarung 13,13). Das ist derjenige, „dessen Ankunft gemäß der Wirksamkeit des Satans erfolgt, mit jeder Machttat und mit Zeichen und Wundern der Lüge" (2. Thessalonicher 2,9).

Mit dem Wort „Lüge" in diesem Vers ist nicht Betrug gemeint in dem Sinne, daß gar kein echtes Wunder stattgefunden hat. Solche dämonischen Wunder gibt es. Man muß sich eben nicht nur fragen: „Hat sich ein echtes Wunder ereignet?“, sondern auch: „Aus welcher Quelle stammt es?“

Die Bibel berichtet von Zeichen und Wundern, die Gott tut, um die Worte seiner Propheten und Apostel zu bestätigen und durch sie die Wahrheit des Evangeliums von Jesus Christus zu bezeugen (Hebräer 2,4). Mit Wundern und Machttaten wurde die Gottessohnschaft Jesu bestätigt, sie geschahen nicht um ihrer selbst willen. Wunder sollen immer unsere Erkenntnis des lebendigen Gottes und unseren Glauben an ihn vertiefen, diese Reaktion des Glaubens wollte Jesus immer hervorrufen. „Damit ihr aber wißt, daß der Sohn des Menschen Vollmacht hat, auf der Erde Sünden zu vergeben“, sprach er zu dem Gelähmten: „Ich sage dir, steh auf, nimm dein Bett auf und geh in dein Haus!“ (Markus 2,10.11).

Grenzen Sie Ihre Begriffe ab

Wir sehen heutzutage viele Zeichen und Wunder. Manche werden sogar im Namen Jesu und „zur Ehre meines Vaters im Himmel“ vollbracht. Aber welcher Jesus ist gemeint? Welcher Vater? Seinen Namen zu verwenden garantiert heute leider nicht mehr für die Quelle, denn viele haben ihn so umgedeutet, daß der, den sie „Jesus“ nennen, keinerlei Ähnlichkeit mit dem Jesus der Bibel hat. Auf diese Weise werden die Uneinsichtigen verführt und dazu gebracht, „andere Götter, die ihr nicht gekannt habt“ zu verehren.

„Denn wenn der, welcher kommt, einen anderen Jesus predigt, den wir nicht gepredigt haben, oder ihr einen anderen Geist empfangt, den ihr nicht empfangen habt, oder ein anderes Evangelium, das ihr nicht angenommen habt, so ertragt ihr das recht gut“ (2. Korinther 11,4).

Übrigens hat Paulus das einer Gemeinde geschrieben, die „an keiner Gnadengabe Mangel“ hatte (1. Korinther 1,7), einer, die es mit Gott ernst meinte. Ihre Gaben und ihre Aufrichtigkeit schlossen aber die Möglichkeit nicht aus, aufgrund ihres mangelnden Unterscheidungsvermögens und der nicht schriftgemäßen Betonung der Erfahrung überlistet, betrogen und in die Irre geführt zu werden.

Der Teufel ließ mich es tun

Der zweite Irrtum, von dem C.S. Lewis bezüglich der Dämonen sprach, ist, „an sie zu glauben und sich in übermäßiger und ungesunder Weise mit ihnen zu beschäftigen“.

Diese Anspielung galt zuerst dem Ungläubigen, der in direktem Widerstand und in Ungehorsam gegen Gottes Wort okkulten Dingen, d.h. geheimen oder verborgenen Aktivitäten nachgeht (3. Mose 19,31; 20,6.27; 5. Mose 18,9-14; Jesaja 8,19).

Okkulte Praktiken werden gewöhnlich mit zweierlei Absicht ausgeübt: Der Okkultist sucht durch Manipulation übernatürlicher Kräfte und Wesen übernatürliches Wissen – in der Regel über die Zukunft – und Macht zu gewinnen (1. Mose 3,5). Dämonen können höchst zuvorkommend sein und werden gern für dieses okkulte Wissen und diese Macht sorgen. Sie wissen ja, daß die betreffende Person dem ersten und zweiten Gebot direkt zuwiderhandelt, wenn sie diese Dinge außerhalb der Grenzen sucht und begehrt, die durch das Wort Gottes abgesteckt sind (5. Mose 29,29).

„Du sollst keine anderen Götter haben neben mir. Du sollst dir kein geschnitztes Bild machen, noch irgendein Gleichnis dessen, was oben im Himmel, und was unten auf der Erde, und was in den Wassern unter der Erde ist. Du sollst dich nicht vor ihnen niederbeugen und ihnen nicht dienen“ (2. Mose 20,3-5a).

Wissen und Macht bei anderen Quellen als bei Gott zu suchen, bedeutet in jedem Fall, andere Götter neben ihm zu haben. Wer das tut, beraubt sich des göttlichen Schutzes.

„... denn ich, der Herr, dein Gott, bin ein eifernder Gott, der die Ungerechtigkeit der Väter heimsucht an den Kindern, am dritten und am vierten Gliede derer, die mich hassen" (2. Mose 20,5b).

Viele Glieder unserer Gemeinden haben ein übermäßiges und ungesundes Interesse an Dämonen. Sie glauben nicht nur an deren Existenz, sondern schreiben automatisch jeden menschlichen Fehler, jeden Kampf und jedes Unglück einem direkten dämonischen Eingriff zu.

Zweifellos lieben diese Geschwister den Herrn, und der Leib Jesu mag sehr wohl von ihrem Eifer und ihrer Hingabe lernen. Aber häufig steht der Eifer nicht in Übereinstimmung mit einer korrekten Auslegung der Schrift. Die Behauptung, jeder sei besessen und benötige Befreiung, befindet sich in völligem Gegensatz zu den Lehren und Hauptaussagen der Schrift.

Üben Sie Ihren Glauben aus

Wir kämpfen gleichermaßen gegen die Welt und das Fleisch wie gegen den Teufel. Paulus schreibt, daß die Werke des Fleisches offenbar sind (Galater 5,19-21 und ein halbes Dutzend Parallelstellen), und wie jeder andere Schreiber des Neuen Testamentes ermahnt er uns wieder und wieder, im Licht zu wandeln (Epheser 5,8.15), die Versuchung zu ertragen (1. Korinther 10,13) und der Sünde zu widerstehen – nicht, abergläubisch herumzurennen und alles den Dämonen zuzuschreiben. Die Schrift legt den Schwerpunkt auf das *Ausüben* des Glaubens und nicht auf das *Austreiben* des Glaubens.

Viele haben ihren Glauben auf dem sumpfigen Boden der „Erfahrung" errichtet und damit unabsichtlich der

Zerstörung innerhalb der Gemeinde die Tür geöffnet. Unermeßlicher Schaden ist dadurch angerichtet worden, daß man aus Epileptikern und Geisteskranken Dämonen austreiben wollte, die gar nicht da waren. Von den Symptomen her mögen diese Krankheiten als dämonischen Ursprungs erscheinen, aber wer sich auf diesem Gebiet zum Dienst gerufen fühlt, der ist vor Gott dafür verantwortlich, daß er den Unterschied zwischen wirklicher Geisteskrankheit und dämonischer Besessenheit erkennt.

Dr. Kurt Koch, der zu diesem Thema zwei wichtige Bücher geschrieben hat („Christliche Seelsorge und Okkultismus" und „Occult Bondage and Deliverance") hat auf diesem Gebiet in mehr als vierzig Jahren über zwanzigtausend Menschen gedient. Seine Bücher gehören zu den hilfreichsten überhaupt. Sie sind an der Schrift ausgerichtete Positionslichter, die zu dämonischen Belastungen und Befreiung davon wertvolle Informationen geben. Ich glaube nicht, daß sich jemand an die Seelsorge an okkult Abhängigen heranwagen sollte, ohne diesen Werken zuvor seine ganze Aufmerksamkeit gewidmet zu haben.

Original gegen Fälschung

Ich glaube, daß die Gaben des Heiligen Geistes in diesen Tagen im Leib Jesu wirken, und zwar alle, die die Bibel nennt. Ich habe viele Menschen gesehen, die unter Gebet von Gottes Hand geheilt wurden, auch mein eigener Mann, der über Nacht gesund wurde, als Gott zwei in Auflösung begriffene Wirbel buchstäblich wieder verschmolz. Ich habe wahrhaftige Worte der Erkenntnis und Prophezeiungen gehört. Es gibt die Originale! Genau deshalb strengt sich Satan ja so an, die Taten Gottes mit Hilfe von Hellsehern und Medien zu fälschen. Was anderes können wir auch kaum von ihm erwarten!

Wer das letzte Kapitel aufmerksam gelesen hat, dürfte nicht überrascht sein, in vielen unserer Gemeinden praktizierende Okkultisten vorzufinden. Es ist zum Beispiel bekannt, daß Jean Dixon jeden Morgen zur Messe geht. Nicht nur einige der „Wunder“, die man in der Katholischen Kirche bestaunt – wie etwa weinende Madonnen, blutende Bäume und Statuen, Visionen, Stigmata usw. – sind von der Herkunft her eindeutig okkult.

Als ich noch ein Kind war, lebte die Hellseherin Ruth Montgomery sogar als angesehens Mitglied in unserer Gemeinde. Unser Büchertisch stellte voller Stolz all ihre Bücher über Jean Dixon und übersinnliche Phänomene aus.

Schlimm ist auch die Tatsche, daß satanische Fälschungen inmitten der pfingstkirchlichen und charismatischen Treffen zu finden sind. Was ich auf einigen davon erlebt habe, ließ mir das Blut gefrieren.

Paulus hat uns gesagt, wir sollten uns ernsthaft um die Geistesgaben bemühen. Wenn Gottes Geist unter seinem Volk wirkt, dann können wir auch erwarten, daß er in unserer Mitte wundervolle Dinge tut. Aber wegen unseres Eifers, Gottes Kraft wirken zu sehen, wegen unseres Hungers nach Zeichen und Wundern haben viele von uns das Unterscheidungsvermögen verloren und begrüßen jede hinreißende Vision und jede übernatürliche Offenbarung als Werk Gottes.

Wie fest stehen wir?

Nach und nach haben wir es zugelassen, daß sich unser Fundament von der festen, objektiven Gründung in Gottes Wort hinwegbewegt. Wir haben unser Augenmerk statt dessen auf unsere Erfahrung gerichtet und sie zum Maßstab unseres Glaubens erhoben.

In seinem zweiten Brief an Timotheus schreibt Paulus dem Jünger: „Alle Schrift ist von Gott eingegeben und nütze zur Lehre, zur Überführung, zur Zurechtweisung, zur Unterweisung in der Gerechtigkeit, damit der Mensch Gottes vollkommen sei, zu jedem guten Werk völlig zugerüstet" (2. Timotheus 3,16.17). In diesem Zusammenhang ermahnt der Apostel: „Predige das Wort, stehe bereit zu gelegener und ungelegener Zeit; überführe, strafe, ermahne mit aller Langmut und Lehre. Denn es wird eine Zeit sein, da sie die gesunde Lehre nicht ertragen, sondern nach ihren eigenen Lüsten sich selbst Lehrer aufhäufen werden, weil es ihnen in den Ohren kitzelt; und sie werden die Ohren von der Wahrheit abkehren und sich zu den Fabeln hinwenden" (2. Timotheus 4,2-4).

Das heißt, sie werden sich von der objektiven Offenbarung des Wortes der Wahrheit abwenden und statt dessen ihre Erfahrung zur Grundlage ihres Glaubens machen, indem sie die Schrift solange drehen und wenden, bis die ihre Meinungen unterstützt.

Als mir in jener ersten Woche auf dem College das Evangelium erklärt wurde, nahm ich es mit offenen Armen auf. Ich bekannte Gott meine Sünden und bat Jesus, als Herr und Heiland in mein Leben zu kommen. Aufgrund der Aussagen der Bibel weiß ich, daß ich wiedergeboren wurde, und ich erhielt auch eine klare Bestätigung für meine Errettung. Ich gab mich ihm von ganzem Herzen hin.

Ich begriff aber nicht, wie wichtig es ist, sorgfältig und systematisch Gottes Wort zu studieren. Ich wußte eigentlich gar nicht so recht, was ich glaubte oder warum ich es glaubte. Und so begann ich mit der Zeit, meine Beziehung zu Gott auf meine Erfahrung zu gründen. Meine *Erfahrung* sagte mir, die Heilungen und Wunder, deren Zeuge ich bei Pachita war, seien von Gott. Meine *Gefühle* versicherten mir, die Arbeit dort sei heilig, denn der Name Jesu wurde benutzt, auf dem Altar stand ein Kreuz, und Dämonen wurden „ausgetrieben". Bald sagte mir mein *Verstand,* die Bibel habe eine zu beschränkte Sicht und müsse als Menschenwerk zwangsläufig voller Irrtümer und Übersetzungsfehler sein. Schließlich kam es so weit, daß ich Jesus für *einen* Weg zu Gott hielt – nicht für *den* Weg, *die* Wahrheit und *das* Leben. Sachte – immer ein Schritt nach dem anderen – fiel ich vom Glauben ab, indem ich unabsichtlich „auf betrügerische Geister und Lehren von Dämonen" achtete (1. Timotheus 4,1).

Weil ich Gottes Wort nicht kannte, wurde ich betrogen. Da ich aber letztlich ein Kind Gottes war und mehr als alles andere die Wahrheit wissen wollte, darum befreite er mich wieder. Aber wegen meiner geistlichen Unreife und der absichtlichen Zurückweisung seines Wortes mußte ich trotz meiner Aufrichtigkeit viele Jahre in Finsternis zubringen.

Aufrichtig im Irrtum

Manche Gemeindeglieder sind der Ansicht, ihre Aufrichtigkeit wirke als eine Art magischer Schutz gegen alle dämonischen Stör- und Betrugsmanöver. Aber es gibt in der ganzen Bibel nicht einen einzigen Vers, der uns versichert, allein unsere Aufrichtigkeit beschütze uns oder garantiere uns automatische Immunität gegenüber dämonischen Täuschungen. Keinen einzigen.

Im Gegenteil. Die Seiten des Neuen Testaments sind voll von Warnungen, „nüchtern" und „wach" zu sein (1. Petrus 5,8; Epheser 6,18); uns nicht mit leeren Worten verführen zu lassen (Epheser 5,6); achtzugeben, daß niemand uns „einfange durch die Philosophie und leeren Betrug nach der Überlieferung der Menschen, nach den Elementen der Welt und nicht Christus gemäß" (Kolosser 2,8).

Wenn wir gar nicht betrogen werden *können,* warum sollen wir dann die Geister prüfen, „ob sie aus Gott sind" (1. Johannes 4,1)? Jesus selbst hat uns gewarnt: „Denn es werden falsche Christusse und falsche Propheten aufstehen und werden große Zeichen und Wunder tun, um so, wenn möglich, auch die Auserwählten zu verführen" (Matthäus 24,24). (Manche meinen, das „wenn möglich" an dieser Stelle besage, daß es eben nicht möglich ist. Im griechischen Urtext ist dies jedoch so ausgedrückt, daß eine ganz reale Möglichkeit besteht.)

Paulus drängt uns, die ganze Waffenrüstung Gottes anzuziehen, „damit ihr gegen die Listen des Teufels bestehen könnt" (Epheser 6,11), denn er bangte um die Gemeinde. „Ich fürchte aber, daß, wie die Schlange Eva durch ihre List verführte, so vielleicht euer Sinn von der Einfalt Christus gegenüber abgewandt und verdorben wird" (2. Korinther 11,3).

Ich fürchte ebenfalls um die Gemeinde, denn ich habe einen anderen Geist unter uns aufkommen sehen, und zwar wegen unserer Unwissenheit und unseres mangelnden Unterscheidungsvermögens bezüglich der Gaben Gottes und der Listen des Teufels.

Bitte verstehen Sie mich jetzt nicht falsch. Ich glaube, Satan möchte die Fälschungen in unserer Mitte tragen, weil sich in der lebendigen Gemeinde die Kraft Gottes zeigt.

Meine Worte sind keinesfalls als Angriff gemeint, sondern als verzweifelte Warnung, damit wir die List des Teufels erkennen und die Heiligkeit und die Macht Gottes in diesen letzten Tagen wirksam bezeugen können.

Okkulter Hintergrund

Beispielsweise üben Gläubige mit einem okkulten Hintergrund, von dem sie sich nie losgesagt haben, Gaben und Techniken eines Mediums aus. In der Atmosphäre schwärmerischen Rummels, die manche Gottesdienste vielfach kennzeichnet, geht so etwas unter. Einige dieser Gläubigen haben immer noch mit Dingen wie Astrologie und Handlesekunst zu tun und haben gewöhnlich keine Ahnung von den damit verbundenen geistlichen Gefahren. Irgendwann – früher oder später – wird sich in ihrem Wandel mit Gott eine gewisse Leere einstellen – eine seltsame Abneigung, in seinem Wort zu lesen und darauf zu vertrauen. Dann legt sich eine düstere, sich hinschleppende Depression über sie, sie werden von Zweifeln über Gott und ihre Errettung geplagt. In schwereren Fällen können sie – so wie ich – direkten dämonischen Angriffen ausgesetzt sein.

Die Symptome dämonischer Belastung können natürlich aus ganz unterschiedlichen Quellen stammen. Nicht alle Depressionen oder Zweifel sind vom Ursprung her eindeutig satanisch. Bei Menschen mit okkultem Hintergrund treten sie aber zwangsläufig auf. Die Gaben eines

Mediums können – müssen aber nicht immer – automatisch verschwinden, wenn man sich bekehrt. Meine verschwanden nicht. Als ich aus L'Abri zurückkehrte, war ich mehr denn je zuvor übersinnlich veranlagt. Wenn ich es mit dem vergleiche, was ich in christlichen Kreisen erlebt habe, dann wären meine Fähigkeiten wohl dort als Gabe des „Wortes der Erkenntnis" und der „Prophezeiung" beklatscht worden. Es war aber Hellseherei.

Erst als ich in meinem Kampf gegen Satan zur Offensive überging, eine vollständige Liste aller meiner Sünden aufstellte (einige hatte ich in L'Abri vergessen), sie offen vor dem Herrn bekannte, mich von ihnen und allen Werken und Gaben des Teufels lossagte und diese Praktiken anschließend völlig unterließ, erst von diesem Moment an schwanden die übersinnlichen Kräfte im Laufe einiger Monate. Vielen, die zu mir in die Seelsorge kamen, ist es ähnlich ergangen. Ich bin fest davon überzeugt, daß diejenigen, die aus okkulten Hintergründen kommen, warten sollten, bis sie in der Gnade und der Erkenntnis des Herrn gereift sind, bevor sie die „aufsehenerregenden" unter den Gaben des Geistes suchen und ausüben.

Paulus sagt uns, daß wir als Ergebnis des Wachstums „zum Vollmaß des Wuchses der Fülle Christi" nicht mehr Unmündige sein werden, nicht mehr „hin- und hergeworfen und umhergetrieben von jedem Wind der Lehre" (Epheser 4,13.14). „Die feste Speise aber ist für Erwachsene, die infolge der Gewöhnung geübte Sinne haben zur Unterscheidung des Guten wie auch des Bösen" (Hebräer 5,14).

Zungenreden

Und dennoch versuchen viele mit großer Ernsthaftigkeit und Liebe, bestimmte Gaben, die ihnen persönlich sehr zum Segen geworden sind, allen anderen Gläubigen aufzudrängen, egal wie unreif diejenigen auf ihrem Weg mit dem Herrn auch sein mögen. Das geschieht unter völliger Mißachtung der Frage, welche Gaben *der Herr* für den einzelnen Gläubigen möglicherweise bereithält. Ich habe gesehen, wie einige Christen dazu in Techniken verfallen, wie sie auch von Sekten angewendet werden, um den gewünschten Effekt hervorzurufen.

Beispiel: „Steh auf, sprich oder mach irgendein Geräusch, und zwar so lange, bis der Herr eine Sprache daraus gemacht hat." Diese Technik benutzte Joseph Smith, der Begründer der Mormonen. Solch eine Praxis ist eine Beleidigung für den Heiligen Geist und grenzt an Gotteslästerung.

Es ist keineswegs selten, daß Phänomene wie das Zungenreden in einem Zustand ekstatischer Selbsthypnose hervorgerufen werden, der gewissen Formen klinischer Neurose stark ähnelt und von der Wirkung her rein seelischer Art ist.

In diesem Zusammenhang übt Gruppenzwang einen erheblichen Einfluß aus. Charismatiker sind häufig verzweifelt hinter dem Zungenreden her, weil es schließlich „jeder macht". Sie wollen nicht hinter den anderen zurückstehen und als ungeistlich angesehen werden. Es gehört nun einmal zur menschlichen Natur, daß man sich unter seinesgleichen hervortun möchte. Manch einer hat später bekannt, daß er in der momentanen Aufregung über seine Erfahrung „im Geist" tatsächlich gelogen hat.

Der Heilige Geist hat es gar nicht so freundlich aufgenommen, als Ananias und Saphira ihn angelogen hatten (Apostelgeschichte 5,1-11). Wie kommen wir darauf, daß er heute daran Gefallen hat? „Hoffart geht dem Sturze, und Hochmut dem Falle voraus" (Sprüche 16,18).

Manchmal führen solche Techniken dazu, Gläubige mit okkultem Hintergrund oder einer Veranlagung als Medium noch mehr für bösartige dämonische Irreführrung und Belastung zu öffnen. Eine der Methoden, okkulte Kräfte von einem Spiritisten oder einer Hexe auf jemand anderen zu übertragen, ist Handauflegung. Menschen mit okkulten Gaben wie Zungenreden, Heilungen oder Prophetie können diese durch Handauflegen weitergeben und tun das auch. In seinem Buch „Strife of Tongues" schreibt Dr. Koch von der interessanten Beobachtung, „daß medial veranlagte Menschen besser für das Zungenreden empfänglich sind als andere". Es ist tragisch, daß Christen, die plötzlich merken, daß sie über übernatürliche Kräfte verfügen, sofort annehmen, diese müßten von Gott sein. Dabei muß es nicht unbedingt der Heilige Geist sein, der sie mit ihren Gaben ausgestattet hat.

Beispielsweise sprechen auch Hindus in Zungen. Auch buddhistische und shintoistische Priester tun es in Trance. Sektenmitglieder, die die Göttlichkeit Jesu abstreiten, sprechen in Zungen, ebenso wie viele besessene Eingeborene in Südafrika. Sogar einige Geisteskranke reden in Zungen. Ich selbst habe es bei dämonisch Besessenen und bei Medien erlebt.

Wie können wir es da wagen zu behaupten, in Zungen zu reden sei ausschließlich die Offenbarung der Kraft und der Gegenwart des Heiligen Geistes im Leben eines Gläubigen? Zungenreden ist eine der am leichtesten zu fälschenden und damit eine der trügerischsten Gaben. Der Teufel fälscht sie, damit wir die Anbetung unseres mächtigen, souveränen Herrn vernachlässigen und uns statt dessen hintergründig und voller Stolz hauptsächlich mit unserer *Begabung* beschäftigen und nicht mit unserem Wandel mit Gott. Unzählige Männer Gottes, auffällige und unscheinbare Gläubige, deren Leben durch die Früchte des Geistes, durch Glauben und ein kraftvolles Zeugnis für den Messias gekennzeichnet war, haben niemals in Zungen gesprochen. Vielen von ihnen sind schwere Lasten auferlegt worden, weil andere etwas für sie gefordert hatten, was Gott ihnen gar nicht geben wollte.

Mögen es nun die Zungen der Menschen oder die der Engel sein, mag es sich um Zungenreden als Zeichen oder als Gabe handeln, man kommt nicht an der Tatsache vorbei, daß der Heilige Geist die Gaben exakt so austeilt, wie er will (1. Korinther 12,11.28-30; 14,15-19; Hebräer 2,4; Römer 12,3-8).

Im Zusammenhang mit genau diesem Thema ermahnt uns Paulus: „Brüder, seid nicht Kinder am Verstand, sondern an der Bosheit seid Unmündige, am Verstand aber seid Erwachsene“ (1. Korinther 14,20).

Die Quelle wirklicher Kraft

Wir dürfen unsere Vollmacht nicht auf ekstatische Gefühle und Visionen von Engeln gründen. Auch sollten wir nicht auf Wunder als Beweis für „gute Früchte“ und Kraft in unserem Leben hinweisen, wie das einige getan haben. Aus sich selbst heraus haben diese Dinge keinerlei Wert. „Laßt euch um den Kampfpreis von niemandem bringen, der seinen eigenen Willen tut in Demut und Anbetung der Engel, der auf Dinge eingeht, die er in Visionen gesehen hat, ohne Ursache aufgeblasen von dem Sinn seines Fleisches, und nicht festhält das Haupt ...“ (Kolosser 2,18.19a).

Diese Dinge mögen einen Anschein von Weisheit haben, aber „nicht in einer gewissen Wertschätzung, sondern zur Befriedigung des Fleisches“ (Kolosser 2,23).

Mit anderen Worten: nicht Visionen, Regeln oder Erfahrungen bringen Gottes Kraft in unserem Leben zum Ausbruch. Visionen – sogar solche von Jesus – können von Satan ohne Schwierigkeiten vorgetäuscht werden, genauso wie Prophezeiungen, Heilungen und Zungenreden. Es gibt kein einziges Erlebnis, wie hinreißend es auch sein mag, das augenblicklich zu geistlicher Reife führt.

Kraft kommt durch Gnade und durch den Heiligen Geist in unser Leben, wenn wir gehorsam gegenüber Gott sind. Kraft, im Glauben voranzugehen, Kraft, der Versuchung zu widerstehen, Kraft zum Dienst und zum Zeugnis – diese Kraft steht jedem Gläubigen zur Verfügung, ob er nun jemals in Zungen gesprochen hat oder nicht.

Die Frucht des Geistes ist eines von den echten Zeichen der Gegenwart des Geistes im Leben eines Gläubigen (Galater 5,22). Sie zeigt sich nur, wenn man in Gott bleibt – wie ein Baum, gepflanzt an Wasserbächen. „Hierin wird mein Vater verherrlicht, daß ihr viel Frucht bringt und meine Jünger werdet" (Johannes 15,8).

Ich weiß, daß diejenigen, die mit gängigen charismatischen Lehren eng verbunden sind, nicht einverstanden sind mit dem, was ich hier sage. Aber wenn meine Beobachtungen trotzdem stimmen? Sind Sie bereit, für einen Irrtum, den Sie weitergetragen haben, vor Gott einzustehen? Es gibt so viele Gläubige, in deren Leben sich die Kraft des Heiligen Geistes offenbart, ohne daß sie in Zungen sprechen, daß ich mich wirklich frage, warum einige es wagen, ein Dogma aus dieser Sache zu machen.

Nirgendwo in seinem Brief an die Römer, in dem Paulus jede bedeutende Lehre und jede herausragende Wahrheit erläutert, die für den Wandel des Gläubigen notwendig ist, erwähnt er das Zungenreden, ein anderes Wunderzeichen oder eine Gabe als Schlüssel zur Kraft für unser Leben. „Nur der Glaube an die Verheißungen Gottes wird mit Nachdruck betont. Hätte Paulus wohl in diesen wichtigen Darlegungen eine Wahrheit auslassen können, die die Voraussetzung dafür ist, Kraft zum Leben und zum Dienst für Gott zu bekommen?" (Hal Lindsey)

Gott gibt einem aufrichtigen Gläubigen nicht eine Schlange oder einen Skorpion anstelle eines Fisches. Vielmehr haben wir selbst in absichtlicher Mißachtung seines Wortes und der List des Teufels seinen Heiligen Geist betrübt und es zugelassen, daß wir betrogen wurden.

Der Herr hat denen Gutes versprochen, „die ihn bitten" (Matthäus 7,11), aber Johannes fügt auch hinzu: „Und dies ist die Zuversicht, die wir zu ihm haben, daß er uns hört, wenn wir etwas nach seinem Willen bitten" und: „... was irgend wir bitten, empfangen wir von ihm, weil wir seine Gebote halten und das vor ihm Wohlgefällige tun" (1. Johannes 5,14; 3,22).

Kann es wirklich Gottes Wille sein, daß wir ohne Unterscheidungsvermögen dastehen?

Ob es in seinen Augen tatsächlich eine Freude ist, daß wir – halsstarrigen Kindern gleich – Gaben verlangen, gleichzeitig seine schenkende Hand zu nötigen suchen und damit zulassen, daß Chaos und Verwirrung in unserer Mitte herrschen? Ob es ihm Freude bereitet, daß denjenigen, die er nicht mit Zungenreden beschenkt hat, ein Gefühl der Zweitklassigkeit, des minderen Glaubens und der Unwürdigkeit vor ihm aufgeladen wird? Ist es sein Wille, daß treue, engagierte Gläubige, denen er kein Sprachengebet gegeben hat, deshalb in schlimme geistliche Verwirrung gestürzt werden? Ich glaube nicht. In ihrem Eifer haben die Christen aus einer Gabe Gottes einen Stein des Anstoßes gemacht.

Paulus sagt uns, wir sollen um die größeren Gnadengaben eifern (1. Korinther 12,31). Das bedeutet aber keineswegs, daß Gott vorhat, jedem Gläubigen ein ganz bestimmtes Zeichen oder jede Gabe zu geben (1. Korinther 12,28-30; Hebräer 2,4). Hal Lindsey hat darauf hingewiesen, daß das Wort „Gabe“ in der genannten Aufforderung in der Mehrzahl steht und die Gemeinde angesprochen wird, nicht einzelne Personen.

Lassen Sie uns doch reinen Herzens und in dem Bewußtsein bitten, daß er in seiner großen Liebe seine Gaben und Zeichen exakt so austeilt, wie er will (1. Korinther 12,11).

Um Gaben brauchen wir nicht mehr zu flehen oder zu bitten als um seine Gnade. Es liegt in seiner Natur, sie uns zu geben. Seine Aufforderung an uns lautet nicht, in Zungen zu reden, sondern vielmehr, „daß wir an den Namen seines Sohnes Jesus Christus glauben und einander lieben“ (1. Johannes 3,23). Diesen Jesus Christus sollen wir in aller Ernsthaftigkeit suchen. Gott ist sehr wohl fähig, darauf zu achten, daß sich als Folge davon dann auch die Gaben zeigen.

Wie man den Geist betrübt

Lassen Sie uns um die Gaben eifern, aber bleiben Sie kritisch!

Was in 1. Johannes 4,1 steht, ist keine höfliche Bitte, der wir mal nachkommen können, wenn wir gerade Lust dazu haben: „Geliebte, glaubt nicht jedem Geist, sondern prüft die Geister, ob sie aus Gott sind; denn viele falsche Propheten sind in die Welt ausgegangen.“ Und diese falschen Propheten vollbringen Zeichen und Wunder, sehen an der Oberfläche wie echt aus, hören sich auch so an und handeln auch so.

Dennoch weigern sich viele Charismatiker, ihre Weissagungen, das Zungenreden, die Heilungen und Wunder ins Licht Gottes zu stellen. Sie haben Angst, dadurch mangelnden Glauben zu beweisen und den Heiligen Geist zu dämpfen. Aber schauen wir doch in Gottes Wort:

„Den Geist löscht nicht aus! Weissagungen verachtet nicht, prüft aber alles, das Gute haltet fest!“ (1. Thessalonicher 5,19-21).

Von den Beröern wird uns berichtet, sie seien „edler als die in Thessalonich“ gewesen, denn „sie nahmen mit aller Bereitwilligkeit das Wort auf und untersuchten täglich die Schriften, ob dies sich so verhielte“ (Apostelgeschichte 17,11). Sie überprüften die Worte des Paulus mit Hilfe des unveränderlichen Zeugnisses der Bibel, statt sich bei der Wahrheitssuche auf ihr Gefühl zu verlassen.

Nicht ein solches Verhalten betrübt den Geist, sondern Sünde, Rebellion, Ungehorsam und halsstarrige Unkenntnis. Die Schrift sagt uns, daß sich das Echte herausstellen und Gott sich freuen wird, wenn wir aufmerksam sind.

Wie wollen wir die letzten Tage überstehen, wenn die Gemeinde nicht bereit ist, zu prüfen, Buße zu tun und damit für Erneuerung und Reinheit im Leib Jesu zu sorgen, der gegenwärtig durch Nachahmungen und falsche Lehren verunreinigt ist? Wollen wir durch Streit und Parteienbildung völlig zerrissen werden und zu Salz werden, das seine Würzkraft verloren hat? Wie soll es uns dann möglich sein, eine Welt, die im Würgegriff okkulter Verführung festgehalten wird, mit der herrlichen Wahrheit unseres Sieges in Christus zu erreichen?

Leider ist es doch so, daß sich Okkultisten in manchen christlichen Kreisen wie zu Hause fühlen können. Sie erleben dort, wie man „den Geist herabbrüllt“, unkontrolliert die Hände schüttelt, in tranceähnliche Zustände verfällt und „Worte der Erkenntnis“ hinausschreit – nicht anders als die Hellseher in manchen spiritistischen Kreisen. Sie erleben, wie wir das sofortige Handeln Gottes fordern – genauso wie die Zauberer von der weißen Magie, die in ihren Ritualen die Namen Gott, Jesus und Heiliger Geist verwenden. Sie sehen, wie uns eine unsichtbare Kraft zu Boden wirft – so, wie ich es oft bei Pachita miterlebt habe, wenn sie in Besitz genommen wurde. Sie hören ein ohrenbetäubendes Durcheinander brabbelnder Zungenreden, bei dem jeder lauter schreit als sein Nachbar, als wäre der Herr taub. Schließlich sehen sie mit an, wie wir unterschiedslos – ohne Ruf zum Bekenntnis oder zur Buße – die Hände zur Heiligung auflegen, so, wie sie selbst es auch tun.

Wie wollen wir dann eigentlich den Okkultisten zur Buße rufen? Wie können wir uns anmaßen, ihn in eine Gemeinschaft mit dem heiligen, lebendigen Gott zu rufen, in dem „keine Veränderung ist noch eines Wechsels Schatten“ (Jakobus 1,17)? „Denn Gott ist nicht ein Gott der Unordnung, sondern des Friedens“ (1. Korinther 14,33).

Es wird den Geist nicht hindern oder Gott einschränken, wenn wir in unseren Treffen für Ordnung sorgen. Jedenfalls ist Paulus dieser Meinung:

„Wenn jemand meint, ein Prophet oder sonst ein Geistbegabter zu sein, so erkenne er, daß das, was ich euch schreibe, ein Gebot des Herrn ist. Wenn aber jemand das nicht erkennt, so wird er von Gott auch nicht erkannt. Daher, Brüder, eifert danach zu weissagen, und hindert das Zungenreden nicht. Alles aber geschehe anständig und in Ordnung.“ (1.Korinther 14,37-40).

Warum Gottes Wort studieren?

Ich möchte nicht einem Leben in beständiger Angst vor Dämonen und ihren Nachahmungen das Wort reden. Die Gemeinde benötigt keinen Ansturm von Hexenjägern und selbsternannten „Frucht-und-Gabe-Aufsehern“, die durch unsere Versammlungen fegen. Ich meine auch nicht, jeder Gläubige müßte sich anstrengen, ein Experte auf dem Gebiet des Satans, der Dämonen und der Angelegenheiten der Finsternis werden. Als Gläubige sind wir gerufen, uns auf Jesus zu konzentrieren, ihn anzubeten, unsere Augen auf ihn zu richten, ihn kennen und lieben zu lernen.

Aus diesem Grund fordert Gott von seinen Kindern, daß sie sein Wort studieren und sich ihm selbst zur Verfügung stellen als Arbeiter, die sich nicht schämen und „das Wort der Wahrheit in gerader Richtung" schneiden (2. Timotheus 2,15). Das kostet Anstrengung. Leider sind manche unter uns zu der Überzeugung gelangt, systematisches Bibelstudium sei „gesetzlich" und ungeistlich. Die Bibel – Gottes Wort – „ist lebendig und wirksam und schärfer als jedes zweischneidige Schwert und durchdringend bis zur Scheidung von Seele und Geist, sowohl der Gelenke als auch des Markes, und ein Richter der Gedanken und Gesinnungen des Herzens" (Hebräer 4,12).

Das „Schwert des Geistes" ist die Angriffswaffe in der Rüstung, die Gott für uns bereithält (Epheser 6,17b). Es ist diejenige Waffe, die im Reich des Teufels die größte Zerstörung anrichtet, jedenfalls dann, wenn sie von einem Gläubigen geführt wird, der sich ganz dem Geist des Herrn hingegeben hat. Deshalb versucht der Teufel ständig, das Wort anzugreifen und damit zu verhindern, daß die Gläubigen dieses tödliche Schwert benutzen. Er möchte uns entwaffnen und uns ohne Angriffs- oder Verteidigungswaffe zurücklassen. Wie gut die Rüstung eines Ritters auch sein mag, ohne ein Schwert wird der Feind ihn bald niedergestreckt haben.

Jede Haltung, die die Autorität von Gottes Wort untergräbt oder herabzusetzen sucht, muß uns verdächtig sein. Es ist das Wort, durch das uns Gott geoffenbart hat, was wir über ihn und unser Heil wissen müssen. Jede andere Offenbarung, die nicht in Übereinstimmung mit der Bibel steht, ist nicht von Gott, wie richtig sie sich auch anhören mag und welches Gefühl man auch immer dabei hat.

Trotzdem habe ich Geschwister in unserer Mitte versichern hören, sie benötigten kein systematisches Studium, ja, nicht einmal andächtiges Lesen im Wort, denn zu ihnen spreche Gott „immer direkt und sagt, was zu tun ist."

Jim Jones hat so gehandelt. Und weil seine Anhänger seine Worte nicht an der Heiligen Schrift maßen, fanden sie ein schreckliches Ende.

Wir sollten sehr vorsichtig sein, wenn uns jemand auffordert, wir sollten für einen Moment alles beiseitelegen, was wir wissen. Gewöhnlich zeigt diese Aussage an, daß das, was dann folgt, eine über das Wort hinausgehende Erfahrung von jemandem zur Grundlage hat. Wenn es aber nicht in die Aussage der heiligen Schrift paßt, hat es bei Christen auch nichts zu suchen.

Kenntnis und Verständnis der Schrift stellen sich nicht plötzlich auf geheimnisvolle Art und Weise ein. Sie sind das Ergebnis harter Arbeit und der belebenden Kraft des Heiligen Geistes. Es ist unser eigenes Risiko, wenn wir das mißachten.

Prüfet die Geister

Wir sollen die Geister prüfen. Schön. Aber wie macht man das eigentlich? Woher bekommen wir die Gewißheit, daß eine Heilung oder ein Wunder von Gott ist? Wie steht es mit unseren eigenen Gaben?

Gott bietet uns seine übernatürlichen Gaben und seine Kraft nicht an, damit wir ständig mit verzerrtem Gesicht herumlaufen und uns ängstigen, daß womöglich alles eine dämonische Fälschung ist. Weil sie sich vor eben dieser Reaktion fürchten, hüten sich viele Pastoren, auf die Möglichkeit von Fälschungen überhaupt hinzuweisen. Als Folge davon wissen viele von uns nichts von Satans Listen und Methoden und sind deshalb anfällig dafür. Es sind die Naiven und die Unwissenden, die dem Schwindler mit seiner glatten Zunge am ehesten auf den Leim gehen.

Der Geist der Weissagung

Der Herr hat uns in seinem Wort einige grundlegende Dinge mitgeteilt, mit deren Hilfe wir die echten von den falschen Propheten unterscheiden können. Diese Aufgabe ist nicht immer einfach, denn ein falscher Prophet wird wohl kaum so freundlich sein, sich uns offen zu erkennen zu geben. Es ist deshalb wichtig, jedes dieser Merkmale zu beurteilen, nicht nur ein oder zwei. Bei Zeichen und Wundern kann man ebenso vorgehen.

Im Alten Testament teilten die Propheten dem Volk Gottes Willen mit und enthüllten die Zukunft so, wie

Gott es ihnen eingegeben hatte. Das Wort Prophet bedeutet: einer, der etwas erklärt, bekanntgibt, der eine Mitteilung macht und verbreitet, was Gott zu sagen hat.

Sie waren die Hirten und Wächter Israels, diejenigen, die den einen, wahren Gott bezeugten (Jesaja 45,6). In ihrer Verantwortung lag es, das Volk an seine Sünden zu erinnern und es zur Buße und zu einem rechtschaffenen Lebenswandel aufzurufen. Sie sprachen nicht nur vom göttlichen Gericht über die Sünder, sondern auch von der Liebe und dem Erbarmen des Herrn gegenüber denjenigen, die von ihren bösen Wegen umkehrten und im Glauben an ihn vorangingen.

Als Propheten waren sie nicht nur berufen, die Zukunft so vorherzusagen, wie Gott es ihnen geoffenbart hatte, sondern das Volk auch zum Gehorsam gegen Gott aufzufordern.

Offenbarung 19,10 verkündet den höchsten Zweck und das Ziel der Prophetie (Weissagung): „Denn das Zeugnis Jesu ist der Geist der Weissagung."

Welcher Jesus?

1. Die erste Prüfung für einen Propheten oder Heiler liegt auf dem Gebiet der Lehre: Was hält er von Jesus Christus? Hängt er an Jesus Christus aus Nazareth als Gott dem Sohn, der zweiten Person der Dreieinigkeit, dem im Fleisch gekommenen Gott? Dem Gott-Menschen, der zur Vergebung unserer Sünden für uns am Kreuz starb? Dem einen, von einer Jungfrau Geborenen, dessen physische Auferstehung von den Toten seinen Sieg über Sünde und Satan verkündet? Glaubt diese Person, daß man aus Gnade errettet wird „durch Glauben, und das nicht aus euch, Gottes Gabe ist es; nicht aus Werken, damit sich niemand rühme" (Epheser 2,8)? Oder hat er mit Hilfe einer winzigen Umdeutung einen „anderen Jesus", einen

„anderen Geist“ oder ein „anderes Evangelium“ angenommen?

Eben das meint Johannes, wenn er sagt: „Jeder Geist, der Jesus Christus, im Fleisch gekommen, bekennt, ist aus Gott; und jeder Geist, der nicht Jesus bekennt, ist nicht aus Gott; und dies ist der Geist des Antichrists ...“ (1. Johannes 4,2-3a).

Die erste Frage muß also lauten: „Welcher Jesus? Welches Evangelium?“ Wenn nämlich auf diese Frage nicht richtig geantwortet wird, dann wissen Sie automatisch, um „welchen Geist“ es sich handelt.

In 5. Mose 13,1-5 stellt der Herr eindeutig klar, daß man einem Propheten, auch wenn er echte Wunder wirkt, nicht zuhören soll, falls er dazu verführen will, das Vertrauen auf andere Götter zu setzen. „Denn der Herr, euer Gott, versucht euch, um zu erkennen, ob ihr den Herrn euren Gott, liebet mit eurem ganzen Herzen und mit eurer ganzen Seele.“

Jesus sagte: „Wer meine Gebote hat und sie hält, der ist es, der mich liebt; wer aber mich liebt, wird von meinem Vater geliebt werden; und ich werde ihn lieben und mich selbst ihm offenbaren“ (Johannes 14,21). Es ist nicht möglich, einerseits das Wort von unserer Liebe zu Jesus im Munde zu führen, und andererseits Dinge zu betreiben, die im Gegensatz zu seinem geschriebenen Wort stehen.

In 5. Mose 18 warnt uns der Herr davor, daß der falsche Prophet sogar den Namen Gottes benutzen und sagen könnte: „So spricht der Herr ...“ – ganz wie jeder wirkliche Prophet.

Genauigkeit: einhundert Prozent

Die 2. Prüfung: Prophetien müssen in der angegebenen Zeit hundertprozentig erfüllt sein. „Und wenn du in deinem Herzen sprichst: Wie sollen wir das Wort erkennen, das der Herr nicht geredet hat? Wenn der Prophet im Namen des Herrn redet, und das Wort geschieht nicht und trifft nicht ein, so ist das das Wort, welches der Herr nicht geredet hat; mit Vermessenheit hat der Prophet es geredet; du sollst dich nicht vor ihm fürchten" (5. Mose 18,21-22). Vielleicht haben Sie schon bemerkt, daß die Propheten von heute eine Tendenz zur Ungenauigkeit zeigen. Es genügt nicht, wenn man uns versichert, man habe einen „schlechten Tag" erwischt, die „Schwingungen" seien eben nicht in Ordnung gewesen, oder die Voraussage selbst habe gestimmt, aber die Person, deren Schwingungen man empfangen habe, habe es sich plötzlich anders überlegt.

Uns sollte klar sein, daß Gott bestimmt vorher weiß, ob so etwas passiert, und daß er gleich das Richtige sagen würde. Wenn ein Wort von ihm ist, dann trifft es auch hundertprozentig zu. Diesen Maßstab muß man bei den Christen und besonders in unseren charismatischen Versammlungen ebenfalls anlegen, leider geschieht das selten. Unstimmigkeiten sind nicht einfach dadurch zu entschuldigen, daß man sagt: „Was erwartest du eigentlich? Mir ist das doch alles neu. Und außerdem muß es von Gott sein. Ich spüre das ganz einfach." Unsere Gefühle dürfen nicht die letzte Entscheidungsinstanz sein.

Von Gott inspiriert, sprachen die Propheten des Alten Testaments das Wort und den Willen Gottes aus und weissagten über die Zukunft. Die Gabe, Gottes Wort auszusprechen, um den Glauben der Gläubigen zu bestätigen und zu festigen, das Verborgene des Herzens zu offenbaren, damit der Ungläubige Gottes Liebe und sein Sorgen um ihn persönlich kennenlernt, ist heute durchaus vorhanden. Wenn jemand den Anspruch erhebt, die Zukunft im Namen des Herrn vorherzusagen, dann ist er in jeder Hinsicht dem unterworfen, was Gott in 5. Mose

18,20-22 und 13,1-5 sagt. Jeder Prophet sollte sich selbst gründlich prüfen, damit er sich nicht zum Wahrsager degradiert.

Greuel

3. Wenn ein Wunder, ein Zeichen, eine Weissagung oder eine Heilung durch einen Okkultisten geschieht oder mit Hilfe okkulter Methoden zustande gebracht wird, dann ist das nicht von Gott. Es ist eine Fälschung. „Denn welche Verbindung haben Gerechtigkeit und Gesetzlosigkeit? Oder welche Gemeinschaft Licht mit Finsternis? Und welche Übereinstimmung Christus mit Belial?" (2. Korinther 6,14-15). Nicht die geringste.

Gott hat seine Stellung zum Okkulten in 5. Mose 18,9-14 bemerkenswert deutlich herausgestellt. Dort zählt er eine ganze Skala okkulter Tätigkeiten auf und nennt sie alle schlicht „Greuel". Für den Fall, daß wir diesen Ausdruck nicht mitbekommen sollten, wird er in Vers zwölf noch einmal wiederholt. Gott kennt die dämonische Quelle dieser Praktiken und möchte nicht, daß sein Volk sich damit beschmutzt (3. Mose 19,31). In seinen Augen sind diejenigen, die sich an Medien und Spiritisten wenden, geistliche Huren (3. Mose 20,6). Folglich haben sie den Tod verdient, denn solche Praktiken locken die Menschen aus ihrer Abhängigkeit von Gott und veranlassen sie, sich statt dessen den Dämonen und der verbotenen Suche nach verborgenen Dingen zuzuwenden (vgl. 2. Mose 22,18; 5. Mose 29,29).

Wenn wir im Glauben und Vertrauen auf den Herrn, unseren Gott, vorangehen, brauchen wir über unsere nächste Zukunft längst nicht soviel zu wissen, wie einige annehmen. Es genügt, daß er die Zukunft in seinen Händen hält, und daß wir es deshalb wagen können, im Glauben zu leben.

„Und wenn sie zu euch sprechen werden: Befraget die Totenbeschwörer und die Wahrsager, die da flüstern und murmeln, so sprechet: Soll nicht ein Volk seinen Gott befragen? Soll es für die Lebenden die Toten befragen? Zum Gesetz und zum Zeugnis! Wenn sie nicht nach diesem Worte sprechen, so gibt es für sie keine Morgenröte." (Jesaja 8,19-20; vgl. Jesaja 45,11)

Wenn irgendein Prophet, der vorgab, im Namen des Herrn zu sprechen, Wahrsagerei, Zauberei, Spiritismus oder sonst etwas Okkultes betrieb, dann wurde er sofort als einer erkannt, den Gott nicht gesandt hatte (Jeremia 14,14; Hesekiel 22,28; Micha 3,5-7). Die wahren Propheten benötigen solche Methoden nicht, denn Gott kann durch Offenbarung und Eingebung zu ihnen sprechen. In seiner „Einführung in die Propheten des Alten Testaments" schreibt Dr. Hobart Freeman: „Dies ist einer der größten Unterschiede zwischen der Religion Israels und heidnischen Religionen, die die Wahrheit mit Hilfe von Wahrsagerei und Zauberei entdecken wollten."

Gott sprach durch Eingebung, Träume und Visionen zu seinen Propheten, nicht unter Verwendung okkulter Methoden. Sein Umgang mit Okkultisten im Neuen Testament – wie etwa die Magd mit dem Wahrsagegeist aus Apostelgeschichte 16,16 oder der Zauberer und falsche Prophet Bar-Jesus aus Apostelgeschichte 13,6-11 – macht deutlich, daß er seine Meinung zu diesem Thema nicht geändert hat. Wir können „nicht des Herrn Kelch trinken und der Dämonen Kelch ..." (1. Korinther 10,21).

Wie Dr. Freeman allerdings herausstellt, empfangen auch falsche Propheten Träume und Visionen. Sie bedienen sich nicht unbedingt eindeutiger Methoden der Wahrsagerei, wie z.B. Kristallkugeln, Tarot-Karten, Ouija-Bretter, Astrologie, Kaffeesatzlesen usw.

Deshalb müssen alle genannten Merkmale überprüft werden. Ein einziges reicht in sich nicht aus. Ein falscher

Prophet oder einer, der Wunder wirkt, könnte ein oder zwei dieser Prüfungen überstehen und dennoch weiterhin Lügen aussprechen und Fälschungen in die Welt setzen.

Die Frucht des Lebens

4. Auch die Früchte, die ein Leben hervorbringt, müssen Beachtung finden. Den meisten falschen Propheten des Alten Testaments waren ein beharrlich unbußfertiger, niedriger moralischer Standard und ein allgemein lockerer Lebenswandel zu eigen, wie geschönt auch immer das für die Öffentlichkeit an der Oberfläche ausgesehen haben mag. Ein wahrer Prophet des Herrn sollte im Licht seiner Berufung wandeln. Zwar erfahren wir, wie schwer auch Männer Gottes – David etwa – eine Zeitlang gesündigt haben. Mord und Ehebruch sind wohl kaum Nebensächlichkeiten. Was David aber zu einem Mann nach Gottes Herzen machte, war, daß er seine Sünde ehrlich vor Gott bekannte und bereute. Falsche Propheten zeichnen sich häufig durch einen rebellischen, unbußfertigen Geist aus. Allerdings nicht immer.

Des öfteren sind ihr Leben und ihre moralischen Maßstäbe über jeden Tadel erhaben. Die Früchte ihres Lebens könnten viele von uns beschämen. Matthäus 7,15-23 ist hier eine Schlüsselstelle. Der Herr warnt uns vor den falschen Propheten, „die in Schafskleidern zu euch kommen, inwendig aber sind sie reißende Wölfe“ (V. 15). Wie können wir sie entdecken? „An ihren Früchten werdet ihr sie erkennen“ (V. 16). Anschließend erklärt der Herr ausführlich die Grundlagen geistlicher Landwirtschaft und betont, ein guter Baum könne keine schlechten Früchte hervorbringen und umgekehrt. Indes lesen die meisten Menschen nicht über den Vers hinaus, in dem noch einmal gesagt wird: „Deshalb, an ihren Früchten werdet ihr sie erkennen“ (V. 20).

„Nicht jeder, der zu mir sagt: Herr, Herr! wird in das Reich der Himmel eingehen, sondern wer den Willen meines Vaters tut, der in den Himmeln ist. Viele werden an jenem Tage zu mir sagen: Herr, Herr! Haben wir nicht durch deinen Namen geweissagt und durch deinen Namen Dämonen ausgetrieben und durch deinen Namen viele Wunderwerke getan? Und dann werde ich ihnen bekennen: Ich habe euch niemals gekannt! Weicht von mir, ihr Übeltäter!" (V. 21-23).

Es reicht nicht aus, daß diejenigen, die den Namen des Herrn benutzen, weissagen, Dämonen austreiben und sogar viele Wunder vollbringen. Mit guten Werken kann man sich den Himmel nicht verdienen.

„Da sprachen sie zu ihm: Was sollen wir tun, damit wir die Werke Gottes wirken? Jesus antwortete und sprach zu ihnen: Dies ist das Werk Gottes, daß ihr an den glaubt, den er gesandt hat" (Johannes 6,28-29; vgl. 1. Johannes 3,23).

Es ist die „Frucht der Lehre", die den „Früchten des Lebens" ewigen Wert verleiht. Ohne eine persönliche Beziehung zu Jesus als dem Herrn und Erlöser sind die Früchte des Lebens letztendlich ohne Bedeutung.

Inneres Zeugnis

5. Die letzte Prüfung ist die unseres subjektiven, inneren Zeugnisses. Ich habe schon einiges über die dringende Notwendigkeit gesagt, den Leib Jesu auf das feste, objektive Fundament der Schrift zu stellen, denn durch dieses klare, reine Wort offenbart uns Gott seinen Sohn – unseren Eckstein. Durch das Wort vermittelt er uns das Rüstzeug. Letzten Endes kommen wir aber auf einer sehr vertrauten, persönlichen Ebene vor unseren Gott, auf der wir seine Liebe, sein zärtliches Erbarmen uns gegenüber wahrnehmen, und auf der wir die Freude und tiefe Ruhe

seiner Gegenwart in unserem Leben erfahren. Das höchste Ziel unseres Daseins ist, ihn zu lieben, zu erkennen und zu erfahren.

Wenn wir in Gemeinschaft mit unserem Herrn vorangehen und ihn kennenlernen, bezeugt uns der Heilige Geist diese Dinge. Wenn wir ihn jedoch durch Sünde und Ungehorsam betrübt haben, verfälscht und verzerrt sich das innere Zeugnis, und wir sehen und verstehen nichts mehr. Das Zeugnis ist nicht mehr zuverlässig.

Der Herr sagte: „Wenn jemand seinen Willen tun will, so wird er von der Lehre wissen, ob sie aus Gott ist oder ob ich aus mir selbst rede" (Johannes 7,17). Wenn wir wirklich die Wahrheit erkennen wollen und bereit sind, sie auch anzunehmen, wird Gott sie uns offenbaren.

Es ist schon traurig, daß so viele von uns darauf beharren, unser inneres Zeugnis sei der erste und wichtigste Maßstab. (Aber ich selbst hatte ja einmal gesagt: „Wie kannst du mir erzählen, Pachitas Arbeit sei dämonisch! Ich habe die Gegenwart böser Wesen gespürt und die der guten erfahren. Ich kenne den Unterschied ...")

Der Weg zur Freiheit

Mit den fünf grundlegenden Prüfungen der Geister ist man auf dem Weg der Trennung von Original und Fälschung ein gutes Stück vorangekommen. Bleibt noch die Frage: Wie stehen Sie zu Ihren eigenen Gaben? Wie können Sie vor jedem okkulten Einfluß, der sich in Ihrem Leben zeigen mag, die Tür schließen?

Es sind keine bestimmten, geheimen Rituale notwendig, aber es ist wichtig, auch bei diesen Dingen ein paar grundlegende Prinzipien der Schrift zu kennen.

Es mag sein, daß manche von denen, die diese Worte lesen, nicht an Jesus Christus als ihren Herrn und Heiland glauben. Einige von Ihnen haben vielleicht aus reiner Neugier bis hierhin gelesen. Aber es mag auch einige geben, die dieses Buch lesen, weil sie Befreiung aus dämonischen Bindungen suchen.

Ohne Jesus keine Freiheit

1. Erkennen Sie vor allem anderen, daß es ohne Jesus keine Hoffnung für Sie gibt. „Und es ist in keinem anderen das Heil; denn auch kein anderer Name unter dem Himmel ist den Menschen gegeben, in dem wir errettet werden müssen" (Apostelgeschichte 4,12).

Wenn Sie nicht bereit sind, Ihr Leben – Geist, Seele und Leib – seiner Herrschaft zu unterstellen, werden Sie niemals den Frieden und die Freiheit finden, nach denen Sie suchen. „Kommt her zu mir, alle ihr Mühseligen und

Beladenen, und ich werde euch Ruhe geben" (Matthäus 11,28), sagt Jesus zu Ihnen. Sein Joch ist sanft, und seine Last ist leicht.

Satan wird Sie an seine Lügen ketten. Er möchte Sie als Engel des Lichts ködern und Ihnen Schrecken und Zerstörung aufladen. Nach dem Ehrfurcht gebietenden Zeugnis der Schrift ist jedoch „der Sohn Gottes geoffenbart worden, damit er die Werke des Teufels vernichte" (1. Johannes 3,8).

Er hat „die Fürstentümer und die Gewalten völlig entwaffnet, sie öffentlich zur Schau gestellt und über sie triumphiert" (Kolosser 2,15). Jesus ist am Kreuz gestorben, „um durch den Tod den zunichte zu machen, der die Macht des Todes hat, das ist den Teufel" (Hebräer 2,14). Aber „wie werden wir entfliehen, wenn wir eine so große Errettung mißachten" (Hebräer 2,3)? Der Sieg, den er errungen hat, ist für denjenigen nutzlos, der ihn zurückweist. „Heute, wenn ihr seine Stimme hört, verhärtet eure Herzen nicht ..." (Hebräer 3,15).

Für immer

Diejenigen, die in Jesus sind, brauchen den Verlust ihrer Errettung nicht zu befürchten. „Alles, was mir der Vater gibt, wird zu mir kommen, und wer zu mir kommt, den werde ich nicht hinausstoßen." „Dies aber ist der Wille dessen, der mich gesandt hat, daß ich von allem, was er mir gegeben hat, nichts verlieren sondern es auferwecke am letzten Tag." (Johannes 6,37.39)

Die Annahme, Jesus könnte auch nur einen einzigen von denen verlieren, die im Glauben zu ihm gekommen sind, würde ihn zum Lügner stempeln, denn er hat gesagt, daß alle, die er bekommen hat, auferweckt werden. Wir können nicht ungeschehen machen, was Jesus am Kreuz getan hat. „Denn mit einem Opfer hat er die, die geheiligt werden, für immer vollkommen gemacht“ (Hebräer 10,14). „In diesem Willen sind wir geheiligt durch das ein für allemal geschehene Opfer des Leibes Jesu Christi“ (Hebräer 10,10). Die Vergebung, die er für uns errungen hat, gilt auf ewig. Sie kann nicht mehr zurückgenommen werden. Sollte jemand doch dieser Meinung sein, so sagt er damit eigentlich, das Opfer Jesu zu unseren Gunsten genüge nicht, er habe es an irgend etwas fehlen lassen.

Paulus teilt uns jedoch mit: „Gott aber, der reich ist an Barmherzigkeit, hat um seiner vielen Liebe willen, womit er uns geliebt hat, auch uns, die wir in den Übertretungen tot waren, *mit dem Christus lebendig gemacht – durch Gnade seid ihr errettet!* Er *hat* uns mitauferweckt und mitsitzen lassen in der Himmelswelt in Christus Jesus, damit er in den kommenden Zeitaltern den überschwenglichen Reichtum seiner Gnade in Güte an uns erweise in Christus Jesus“ (Epheser 2,4-7, Hervorhebungen durch die Autorin).

Als Christus am Kreuz starb, lagen unsere Sünden allesamt noch in der Zukunft. Er starb nicht nur für die Sünden, die wir vor der Annahme seiner Vergebung begangen haben, sondern genauso für die, die wir möglicherweise noch begehen.

„Daher sagte ich euch, daß ihr in euren Sünden sterben werdet; denn wenn ihr nicht glauben werdet, daß ich es bin, so werdet ihr in euren Sünden sterben“ (Johannes 8,24).

Wenn aber „jemand in Christus ist, so ist er eine neue Schöpfung“ (2. Korinther 5,17a). Weil Jesus unsere Sünden auf sich genommen und die Strafe dafür bezahlt hat, hat Gott uns gerechtgesprochen. Alle unsere Übertretungen sind vergeben worden, denn die Schuldschriften gegen uns sind am Kreuz eingelöst worden (Kolosser 2,13-14).

„Ich, ich bin es, der deine Übertretungen tilgt um meinetwillen; und deiner Sünden will ich nicht mehr gedenken“ (Jesaja 43,25).

Alle, die in ihm sind, sind in den Himmel eingesetzt worden (Epheser 2,6). Unsere Stellung dort ist uns sicher, denn Jesus selbst sagte: „Meine Schafe hören meine Stimme, und ich kenne sie, und sie folgen mir; und ich gebe ihnen ewiges Leben, und sie gehen nicht verloren ewiglich, und niemand wird sie aus meiner Hand rauben. Mein Vater, der sie mir gegeben hat, ist größer als alle, und niemand kann sie aus der Hand meines Vaters rauben" (Johannes 10,27-29).

Nicht einmal wir selbst können uns aus des Vaters Hand entfernen, wenn wir erst einmal sein sind.

Satans Ziel

Wenn unsere Seelen also für immer sicher sind, was will der Teufel uns, die wir in Christus sind, dann nehmen?

C.S. Lewis sagte: „Einer verdammten Seele am nächsten steht ein Christ ohne Frucht."

Satan möchte uns unseres Zeugnisses berauben und uns zu Hemmschuhen für diejenigen machen, die dem Verderben entrinnen könnten; er möchte uns unseren Frieden und unsere Freude stehlen; er möchte uns die Freiheit und die Gemeinschaft mit Gott nehmen. Deshalb werden wir ständig ermahnt, im Licht zu wandeln (1. Johannes 1,6-7), wachsam zu sein (1. Petrus 5,8), „die ganze Waffenrüstung Gottes" anzuziehen, „damit ihr gegen die Listen des Teufels bestehen könnt" (Epheser 6,11).

Schreiende Unmoral, die Werke des Fleisches wie in Galater 5,19-21 beschrieben, Stolz und Rebellion, Beteiligung an den Dingen, die Gott Greuel genannt hat: all das gibt Satan die Ansatzpunkte, die er auf die eine oder andere Weise in unserem Leben sucht. Insbesondere okkulte Aktivitäten machen uns anfällig für dämonische Belastung. Daher ist es so wichtig, „die Tür zu schließen", die wir seinem Einfluß geöffnet haben könnten.

2. Jede Sünde im Zusammenhang mit Zauberei stellt auf sehr reale Weise einen Pakt mit dem Teufel dar. Sie gibt ihm das Recht, die betreffende Person zu binden und zu bedrängen, und zwar ohne Rücksicht darauf, wie die Tür geöffnet wurde. Vielleicht waren Sie als Kind von einem Medium oder einem Heiler angetan; vielleicht haben Sie Ihre dämonische Last von Ihren Vorfahren geerbt, so wie ich (2. Mose 20,4-5). Womöglich hat Ihnen jemand mit medialer Begabung Hände aufgelegt und Ihnen seine Kräfte bis zu einem gewissen Grad übertragen. Oder Sie haben mit dem Ouija-Brett, Aura-Manipulation oder Astrologie „herumgespielt". Die Tatsache, daß Sie diese Sachen nur als Scherz betrachtet haben, ändert für Satan nichts. Haben Sie sein Hoheitsgebiet erst einmal betreten, so müssen Sie sich darauf gefaßt machen, zum Spielball und Brennpunkt für Dämonen zu werden.

Was auch immer passiert sein mag, es gibt nur einen Weg, die Tür zu schließen: zu Jesus kommen, die Sünden bekennen und ihnen absagen.

Sünden bekennen heißt ganz einfach, sie vor Gott als solche zugeben, das heißt, mit ihm übereinstimmen, daß das, was wir getan haben, falsch und eine Verletzung seines Willens war. Es ist wichtig, daß ein derartiges Bekenntnis eines okkult Belasteten in Gegenwart eines gereiften Gläubigen bzw. eines Seelsorgers stattfindet. Das hat zwei Gründe:

a) Die geheimen, verborgenen Dinge müssen ans Licht gebracht werden. Die Okkultisten aus Ephesus, „die gläubig geworden waren, kamen und bekannten und gestanden ihre Taten" (Apostelgeschichte 19,18). Sie entsagten „den geheimen Dingen, deren man sich schämen muß" (2. Korinther 4,2). Besonders wichtig ist, daß jeder bewußte Groll, jede Sünde bekannt wird, nicht nur das, was mit Okkultismus zusammenhängt. Dadurch soll jede Handhabe, die Satan in Ihrem Leben noch finden könnte, entfernt werden. Man kann ein solches Bekenntnis nicht erzwingen. Wenn es nicht freiwillig – von Herzen – abgegeben wird, ist es wertlos.

b) Sie sollen im Gebet getragen werden, wenn Sie Satans Anspruch auf Ihr Leben zurückweisen. Der Teufel wird nicht sehr erfreut sein und könnte es in Fällen schwerer Belastung auf einen Kampf ankommen lassen, bevor er seinen Griff löst.

Denken Sie erst gründlich über die Dinge nach, die Sie bekennen möchten, bevor Sie zu beten beginnen. Manchmal ist es sicherlich hilfreich, Gott zu fragen, was Sie ihm bringen sollen, und dann eine Liste aufzustellen.

Zerstören Sie okkulte Gegenstände

Darüber hinaus ist es äußerst wichtig, daß Sie alle Bücher und sonstigen Gegenstände aus Ihrem Besitz, die mit Okkultismus zu tun haben, sammeln und vernichten. Werfen Sie sie nicht einfach in den Mülleimer, wo sie noch jemand aufstöbern könnte. Stellen Sie sicher, daß die Gegenstände zerstört, verbrannt oder unreparabel beschädigt sind. Solche Dinge wirken häufig als Brennpunkte für Dämonen. Sehen Sie zu, daß Sie sie loswerden (Apostelgeschichte 19,19).

Lossagegebet

Zum Bekennen und Lossprechen können Sie sich an das folgende Gebet halten. Sie müssen die Worte aber nicht als heilig ansehen. Es sind Absicht und Haltung des Herzens, die vor Gott zählen.

„Allmächtiger Gott, im Namen des Herrn Jesus sage ich mich von allen Werken des Teufels los.

Ich bekenne die folgenden okkulten Praktiken und Sünden (hier auflisten) und sage mich von ihnen los, denn sie sind dir ein Greuel.

Ich sage mich von jedem okkulten Einfluß meiner Vorfahren los und bitte dich, Herr, mein Gott, jede Gewalt, die Satan ihretwegen über mein Leben gehabt haben mag, jetzt zu brechen.

Ich bitte, daß jede böse Kraft oder Fähigkeit, die ich möglicherweise habe, die mich belastet oder in Besitz genommen hat, völlig zerstört und von mir entfernt wird, denn ich möchte keine Gabe, die nicht von Jesus ist.

Ich übergebe mich – meinen Leib, meinen Geist, meine Persönlichkeit, meine Gefühle, mein ganzes Sein – dem Herrn Jesus Christus als meinem Erlöser und Herrn."

So, wie wir durch Gnade und Glauben gerettet werden, „und das nicht aus euch, Gottes Gabe ist es; nicht aus Werken, damit niemand sich rühme" (Epheser 2,8), so geschieht auch die Befreiung aus dämonischen Bindungen. Sie hängt nicht von unserer Leistung oder unserem Verdienst ab. Auch mit unseren Gefühlen hat sie nichts zu tun. Wenn Sie offenen Herzens mit einem solchen Bekenntnis vor Gott kommen, dann sichert Ihnen – ohne Rücksicht auf Ihre Gefühlslage – das Wort Gottes zu: „Wenn wir unsere Sünden bekennen, ist er treu und gerecht, daß er uns die Sünden vergibt und uns reinigt von jeder Ungerechtigkeit" (1. Johannes 1,9). Nun ist die Tür geschlossen. Lassen Sie sich diese Gewißheit nicht vom Teufel rauben, er wird es bestimmt versuchen. Über die Waffen, die Gott uns für diesen Kampf zur Verfügung gestellt hat, werden wir noch sprechen.

Sie haben durch Bekennen und Lossagen die Tür für okkulte Bindungen geschlossen und sich selbst, Ihre Gaben und Fähigkeiten in Gottes mächtige Hand gelegt. Gehen Sie nun zu Seiner Ehre und in freudigem Vertrauen auf Seinen Schutz voran!

„Leidet jemand unter euch? *Er bete.* Ist jemand guten Mutes? *Er singe Psalmen.* Ist jemand krank unter euch? *Er rufe die Ältesten* der Gemeinde zu sich, und sie mögen über ihm beten und ihn mit Öl salben im Namen des Herrn. Und das Gebet des Glaubens wird den Kranken retten, und der Herr wird ihn aufrichten, und wenn er Sünden begangen hat, wird ihm vergeben werden. *Bekennt* nun *einander die Vergehungen* und *betet füreinander,* damit ihr geheilt werdet; viel vermag eines Gerechten Gebet in seiner Wirkung." (Jakobus 5,13-16, Hervorhebungen durch die Autorin)

Gott möchte, daß wir Wunderbares von ihm erbitten. Es ist ihm eine Freude, seinen Kindern jede gute und vollkommene Gabe zu geben, denn er liebt uns. Er möchte, daß wir ihn mit Zuversicht bitten – nicht in Angst vor Dämonen oder Fälschungen, aber auch nicht in einsichtsloser Unwissenheit; beides ist von kindlichem Glauben weit entfernt.

Kommen Sie vor den Herrn. Halten Sie sich rein für ihn. „... wie der, welcher euch berufen hat, heilig ist, seid auch ihr im ganzen Wandel heilig; denn es steht geschrieben: ‚Seid heilig, denn ich bin heilig'" (1. Petrus 1,15-16). Heiligkeit und rechter Wandel vor unserem Gott lassen die wahre Kraft des Heiligen Geistes in unserem Leben zur Geltung kommen.

Ich wünschte, wir könnten uns – wie Paulus – darüber freuen, daß seine Gnade uns genügt, denn „Kraft kommt in Schwachheit zur Vollendung" (2. Korinther 12,9).

Ich wünschte, wir würden – wie Paulus – „alles für Verlust erachten um der unübertrefflichen Größe der Erkenntnis Christi Jesu", unseres Herrn, willen (Philipper 3,8).

Wir leben in der Endzeit. Es wird immer mehr falsche Christusse, falsche Wunder und falsche Propheten geben, je näher das zweite Kommen des Messias heranrückt.

Wie raffiniert auch immer der Betrug, wie wild auch immer der Kampf sein mag: Wer in Glauben und Gehorsam mit dem Messias verbunden ist, braucht vor dem Angriff der Dämonen und ihren Fälschungen niemals ängstlich zurückzuschrecken. Wer die Geister im Gehorsam gegen Gottes Gebot prüft, kann nicht lange getäuscht werden.

Trotzdem reicht es nicht aus, nicht betrogen zu werden. In diesen bösen Tagen sollen wir aktive Kämpfer werden, die wissen, daß sie in ihm mehr als Überwinder sind (Römer 8,37). Die Dämonen fliehen mit Schrecken vor demjenigen, der begriffen hat, welch ein Sieg und welch eine Macht in dem vergossenen Blut des Lammes liegt. Dieses Blut hat den Zugriff Satans auf uns zunichte gemacht.

„Und ich hörte eine laute Stimme im Himmel sagen: Nun ist das Heil und die Macht und das Reich unseres Gottes und die Gewalt seines Christus gekommen; denn hinabgeworfen ist der Verkläger unserer Brüder, der sie Tag und Nacht vor unserem Gott verklagte. Und sie haben ihn überwunden um des Blutes des Lammes und um des Wortes ihres Zeugnisses willen, und sie haben ihr Leben nicht geliebt bis zum Tod" (Offenbarung 12,10-11).

Das ist die stärkste Waffe, die Gott seinem Volk gegeben hat: der Schutz durch das Blut des Lammes, das Blut, das uns von allen Sünden reinigt. Wenn Sie in ihm sind, haben Sie die Vollmacht, diesen Schutz im Kampf gegen den Teufel zu erbitten.

Aufgrund des vergossenen Blutes dürfen wir es wagen, gegen die Dämonen anzugehen und ihnen im Namen Jesu gebieten, sich davonzumachen. „Ich gebiete dir im Namen Jesu Christi, von ihr auszufahren!" befahl Paulus dem Wahrsagegeist, der die Magd besessen hatte (Apostelgeschichte 16,18). In Lukas 10,17-20 wird über die Freude von siebzig Jüngern berichtet, die über folgende Tatsache aus dem Häuschen geraten waren: „Herr, auch die Dämonen sind uns untertan in deinem Namen."

Nur wegen unserer Stellung in Christus dürfen wir uns getrauen, den Dämonen zu gebieten. Aus uns selbst heraus haben wir diese Macht nicht. Gehen Sie also nicht überheblich mit den Dämonen um, indem Sie sie etwa in die Hölle schicken. „Michael aber, der Erzengel, wagte nicht, als er mit dem Teufel stritt und Wortwechsel um den Leib Moses hatte, ein lästerndes Urteil zu fällen, sondern sprach: ‚Der Herr schelte dich!'" (Judas 9).

Manche „lästern alles, was sie nicht kennen" (Judas 10). Aber im Sieg Jesu, unter der Autorität und dem Schutz seines Blutes, erfüllt und geführt vom Heiligen Geist, können wir gebieten:

„Dämonen, im Namen Jesu Christi binde ich euch und weise euch zurecht. Ich gebiete euch, auszufahren und dorthin zu gehen, wohin Jesus euch haben will.

Ich erinnere euch daran, daß ich ein Kind des lebendigen Gottes bin; ihr habt keine Gewalt über mich."

Dann der Schutz des Herrn:

„Vater, ich erbitte den Schutz des Blutes Jesu. Erfülle und umgib mich mit deinem Heiligen Geist!"

Diese Worte sind keine Zauberformel, die als eine Art Mantra automatisch hinausgeschleudert werden soll. Sie sind auch kein Gebet an die Dämonen. Sie bilden vielmehr den Befehl eines kampfbereiten Christen, der die

Heftigkeit des geistlichen Kampfes und die ihm von unserem siegreichen General verliehene Vollmacht erkannt hat.

Diejenigen mit okkulter Vergangenheit mögen – so wie ich – im Laufe der Zeit viele Male auf diesen Befehl zurückgreifen müssen. Satan gibt nicht so leicht auf. Er weiß zwar, daß er die Schlacht um die Seele verloren hat, wütet aber dennoch gegen sie. Fürchten Sie sich nicht. Angst ist vielleicht die stärkste Waffe, die der Teufel einem Gläubigen entgegenschleudern kann. Gott hingegen hat gesagt: „Vollkommene Liebe treibt die Furcht aus" (1. Johannes 4,18). Wenn Sie merken, daß der Teufel Ihnen entgegentreten will, dann denken Sie daran, daß Sie die Vollmacht – und den Auftrag – haben, ihm zu widerstehen. Er *wird* von Ihnen fliehen (Jakobus 4,7).

Die Waffenrüstung Gottes

Benutzen Sie die ganze Waffenrüstung Gottes. Kein Krieger zieht nur mit den Teilen seines Kriegsgerätes in die Schlacht, die ihm zufällig gerade zusagen.

Da wir nicht gegen Fleisch und Blut kämpfen, sondern gegen die Weltbeherrscher dieser Finsternis, gegen die Geister der Bosheit in der Himmelswelt (Epheser 6,12), lassen Sie uns die ganze Waffenrüstung Gottes anlegen. Wenn wir nicht mit Wahrheit umgürtet sind, wird unsere Rüstung nicht zusammenhalten; wenn wir den Brustpanzer der Gerechtigkeit nicht angelegt haben, können unsere Herzen von Stolz und Selbstgerechtigkeit durchbohrt werden; wenn wir an den Füßen nicht beschuht sind mit der Bereitschaft zur Verkündigung des Evangeliums des Friedens, kann uns der erstbeste Wind der Lehre aus dem Gleichgewicht werfen; ohne den Schild des Glaubens werden sich Zweifel und Versuchung als feurige Pfeile Satans tief in unser Fleisch bohren und uns verbrennen;

der Helm des Heils beschützt unseren Sinn; das Schwert des Geistes – das lebendige Wort Gottes – benutzen wir abwechselnd zur Verteidigung und zum Angriff, „durchdringend bis zur Scheidung von Seele und Geist" (Epheser 6,10-17); Hebräer 4,12).

Dieses Schwert gibt uns Worte des Sieges über die Angst. Schreiben Sie sich die Verse heraus, die Ihnen lebendig werden, und tragen Sie sie im Herzen. Benutzen Sie sie gegen Satan, wenn er Sie mit Furcht ersticken will: Psalm 3; 4; 27;91; Römer 8; Johannes 6; 5. Mose 31,6-8; 1. Johannes 3,8; 4,4.18; Kolosser 2,15; Offenbarung 12,11; Jesaja 41,9b-10. Die Bibel ist voll solcher Worte des Trostes und der Zusicherung.

Wie wenden wir diese Rüstung an? Wie legen wir das an, von dem Gott gesagt hat, wir würden es brauchen, um den Listen des Teufels fest gegenüberstehen zu können? Es geschieht im Gebet auf unseren Knien (Epheser 6,18).

Unterschätzen Sie niemals die Macht des Gebetes und des Lobpreises im Kampf gegen den Teufel! Der Herr wohnt im Lobgesang seines Volkes. Die Finsternis muß weichen, wenn wir den lebendigen Gott preisen und anbeten, denn sie hält die Gegenwart des Lichtes nicht aus.

Mehr als Überwinder

Niemals muß die bemitleidenswerte Tragödie des „Exorzisten" in dem gleichnamigen Film oder der Luntzes in „Amityville I und II" unser Schicksal sein. Die „Lösungen", die sie den durch dämonischen Terror Versklavten anzubieten haben, brechen einem das Herz und sind erschreckend leer. Es läuft auf Götzenverehrung hinaus, wenn christliche Symbole und Handlungsabläufe als übersinnliche Fetische benutzt werden, die vergebens den Namen des Herrn tragen. Bei allem Drum und Dran ihres religiösen Eifers geben sie doch keinen Hinweis darauf, daß sie Jesus als ihren persönlichen Herrn und Heiland angenommen haben. Mehr als einmal haben solche „Befreiungs"-erlebnisse die gleichen Folgen gehabt wie bei den sieben Söhnen des Skevas. Diese jüdischen Teufelsaustreiber sahen die Kraft, die der Name Jesu geistgeleiteten Gläubigen verlieh, und verleibten ihn einfach ihrem eigenen Repertoire ein. „Den Jesus kenne ich", bescheinigte ihnen der Dämon, den sie austreiben wollten, „und von dem Paulus weiß ich. Aber ihr, wer seid ihr?" In der Folge wurden sie schlimm verprügelt und verwundet (Apostelgeschichte 19,13-16).

Denken Sie daran, daß das Böse eine schön anzuschauende Seite hat – betrügerisch, hintergründig, geschmückt mit allen Erscheinungsweisen geistlicher Kultur, aber deshalb nicht weniger aus der Hölle ist als das offenkundig Dämonische.

Für uns aber, für die, die glauben, steht geschrieben: „Ihr seid aus Gott, Kinder, und habt sie überwunden, weil der, welcher in euch ist, größer ist als der, welcher in der Welt ist" (1. Johannes 4,4).

„Und um dieses bete ich, daß eure Liebe noch mehr und mehr überströme in Erkenntnis und aller Einsicht, damit ihr prüft, was das Vorzügliche sei, damit ihr lauter und unanstößig seid auf den Tag Christi, erfüllt mit der Frucht der Gerechtigkeit, die durch Jesus Christus gewirkt wird, zur Herrlichkeit und zum Lobpreis Gottes." (Philipper 1,9-11)

Möge Gott uns in diesen letzten Tagen Gnade und Weisheit gewähren, damit wir als Kinder des Lichts wandeln können.

Weitere Biographien aus dem Verlag Schulte + Gerth:

Donita Dyer
Strahlende Hoffnung

Chung Syn Yang, zu deutsch „Strahlende Hoffnung“, erblickt das Licht der Welt als fünftes Mädchen einer koreanischen Familie. Ein Licht, das sie aber seit ihrem sechsten Lebensjahr nicht mehr sehen kann: Nach einer Krankheit bleibt eine Erblindung zurück. Dank ihrer Energie und ihres Gottvertrauens schafft sie es trotzdem, Schulausbildung und Studium abzuschließen. Ihr Leben wird trotz der Behinderung zu einem Zeugnis der Güte Gottes.
192 Seiten
Best.-Nr. 15 356

Yoneko Tahara / Bernard Palmer
Yoneko

Das erschütternde Selbstzeugnis einer jungen Japanerin, der das Elend bis zum Hals stand und die durch einen Selbstmordversuch zum Krüppel wurde. Aber Gott bahnte sich einen Weg durch Verzweiflung, Umwelt, Ahnenkult und Götterglaube zu ihr, so daß sie schließlich eine echte „Yoneko“, eine „Tochter des Glücks“, wurde.
200 Seiten
6. Auflage
Best.-Nr. 15 300

Doris van Stone
Dorie – ein verwandeltes Leben

Schon als kleines Mädchen macht Dorie eine grausame Entdeckung. Sie ist unerwünscht. Abgeschoben in Heime und zu Pflegeeltern, scheint ihr Leben nur noch aus Katastrophen zu bestehen. Doch eine Gruppe Collegestudenten, die Dorie im Waisenhaus kennenlernt, bringt die große Wende in ihr Leben.
160 Seiten
2. Auflage
Best.-Nr. 15 348

Ralf Arndt
Spiegelbilder – Eine Antwort an die Kinder vom Bahnhof Zoo

Eines Tages trifft Ralf eine unheimliche Entscheidung, die er sogar mit Blut besiegelt. Der Berliner Junge beschließt, „auszusteigen" und hemmungslos seinen Süchten zu leben. Ralf wird straffällig, versucht sich das Leben zu nehmen. – Und dann beginnt ein Wunder inmitten der Drogenszene ...
240 Seiten
4. Auflage
Best.-Nr. 15 507

Johnny Cash
Der Mann in Schwarz
46 Abb.

Der Weltstar hat hier sein turbulentes Leben beschrieben. Er läßt in diesem erschütternden Buch den Leser in die Tiefen seines Herzens, seiner grenzenlosen Verzweiflung blicken, aber auch auf den Ursprung jener geheimnisvollen Quellen, aus denen sein Leben gespeist wird. Der Country-Sänger beschreibt sich in seiner Autobiographie schonungslos offen. Gerade dadurch wird das Buch zu einem mutmachenden Zeugnis.
272 Seiten
3. Auflage
Best.-Nr. 15 595

Norbert Nußbeck
Der Ausstieg des Norbert N.

Unvorstellbar, was der Autor in seiner Kindheit und Jugend erlebt hat. Sein Leben am unteren Rande der Gesellschaft ist vom Faustrecht geprägt. Brutalität und Verbrechen sind seine täglichen Begleiter. Als Norbert achtzehn Jahre alt ist, sagen die Ärzte, er habe noch zwei Jahre zu leben. Das war vor zehn Jahren. Norbert ist nämlich dem begegnet, der von sich sagt, er sei das Leben.
176 Seiten
Best.-Nr. 15 548